KB040988

공학철학

Engineering philosohy

by

Louis L. Bucciarelli

Copyright © 2003 by Louis L . Bucciarelli

This Korean Language edition is published by arrangement
with **Louis L. Bucciarelli.** All rights reserved.

Korean translation Copyright © 2015 by Seokwangsa Publishing Co.

공학철학

루이스 L. 부치아렐리 지음

정영기 옮김

서광사

이 책은 Louis L. Bucciarelli의 *Engineering philosophy* (Delft University Press, 2003)를 완역한 것이다.

공학철학

루이스 L. 부치아렐리 지음
정영기 옮김

펴낸이 | 김신혁, 이숙
펴낸곳 | 도서출판 서광사
출판등록일 | 1977. 6. 30.
출판등록번호 | 제 406-2006-000010호

(413-120) 경기도 파주시 회동길 77-12
대표전화 (031) 955-4331   팩시밀리 (031) 955-4336
E-mail: phil6161@chol.com
http://www.seokwangsa.co.kr | http://www.seokwangsa.kr

ⓒ 도서출판 서광사, 2015

지은이와의 합의하에 인지는 생략합니다.

제1판 제1쇄 펴낸날 ─ 2015년 10월 30일

ISBN 978-89-306-2089-5   93160

| 옮긴이의 말 |

옮긴이는 충남대학교 공과대학에서 2년간 공학윤리를 강의했던 경험이 있다. 과학철학을 공부하는 사람으로서 공학윤리를 강의하면서 공학을 흥미롭게 살펴보기도 하고 공학과 철학의 융합이라는 논문을 쓰기도 했는데 그때 공학철학 책을 처음 접하게 되었다. 기술철학이라는 분야는 있는데 공학철학은 왜 없을까 하는 의문을 가지면서 옮긴이는 공학이라는 분야와 조금 가까워지게 되었고, 이를 계기로 공학철학 책을 번역하는 용기를 갖게 되었다.

이 책은 루이스 L. 부치아렐리의 책 *Engineering Philosophy*(Delft University Press, 2003)를 번역한 것이다. 부치아렐리는 현재 MIT Program in Science, Technology and Engineering의 명예교수이며 이 책은 그가 네덜란드 델프트 공과대학에 초빙교수로 있을 때 진행한 강의 내용을 기초로 하여 쓰여진 것이다.

1장은 공학철학에 대한 소개와 책 전체에 대한 소개로 이루어졌다. 2장은 디자인 언어와 언어의 차이점 때문에 생기는 협상문제를 사례중심으로 서술한다. 3장은 인식론 중심으로 엔지니어가 실패와 오류를 다루는 방법에 대해 말하고 있다. 4장은 엔지니어가 자신들이 다시 만든 세계를 모델링하고 이상화하는 방법을 탐구한다. 5장은 공학교육의 문제를 다루고 있으며, 6장은 책을 마무리하며 넣은 짧은 부연이다. 3장과 4장은 내용상 어려운 부분이 있어서 옮긴이 주를 넣었다.

지금까지 공학은 과학기술에 묻히거나 기술과 유사한 분야로 취급되어 제대로 대접받지 못하였다. 이런 사정은 동서양이 비슷한데, 서양의 경우 공학철학을 본격적으로 연구한 것이 10년이 되지 않는다. 앞서 출발해 많은 성과를 낸 과학철학과 기술철학에 비해 공학철학은 이제 겨우 시작하는 단계에 있다.

공학철학을 세계적으로 이슈화하면서 대규모 워크숍을 진행한 곳은 네덜란드의 델프트 대학교이다. 2007년 10월 29일 네덜란드의 델프트 대학교에서 최근 20년 동안 공학자와 철학자가 함께 모여 가장 크고 조직적으로 열린 워크숍이 개최되었다. 이 워크숍의 제목은 WPE_2007 "공학철학을 만나다 그리고 철학공학을 만나다."이다. 이후 공학철학 워크숍이 개최되고 있으며, 2008년 세계대회는 영국 런던에서 개최되었다.

이 책을 번역하면서 옮긴이는 많은 사람들의 도움을 받았다. 먼저 기초과학원의 김성현 박사는 어려운 물리학 이론을 설명해주며 4장을 꼼꼼히 읽고 여러 가지 조언을 해주었다. 한국타이어 중앙연구원의 송영 상무는 3장의 원인 협상 부분과 4장의 라이트형제 실험 부분의 번역을 도와주었다. 5장의 번역과 색인 작업을 도와준 딸 재연과 아들 성훈에게 고마움을 전한다. 지루하고 힘든 번역 작업을 하는 과정에서 마음으로 지원해준 아내 조순천에게도 고마움을 전한다.

이 책의 최종적인 책임은 전적으로 옮긴이에게 있으며 마지막으로 이 책이 나오기까지 몇 번의 마감을 넘기면서 기다려준 서광사 이숙 부

사장님과 편집 과정에서 고생한 한소영 씨에게도 감사의 인사를 드린다. 이런 분들의 도움이 없었더라면 부족한 이 책이 나오지 못했을 것이다. 다시 한 번 도와주신 분들에게 머리 숙여 감사드린다.

2015년 가을, 강릉 연구실에서 정영기 씀

1장

도입

이 모든 철학을 멈추고 하던 일로 돌아갑시다.[1]

철학과 공학은 독특한 세계처럼 보인다. 철학자들이 제기하는 문제들과 추구하는 분석들을 공학자들이 별로 중요하게 생각하지 않는다는 것을 우리는 그들의 말에서 추리할 수 있다. 존재의 본질과 실재 — 우리가 세상에 실재하는 것으로 간주하는 것 — 의 범주적 구조에 대한 존재론적 물음은 별로 재미가 없는 것 같다. 공학자에게는 철학이 필요하지 않은 것처럼 보인다. 공학자들은 구체와 추상, 특수와 보편의 차이를 알고 있으며 일상생활의 영역 안에서 이루어지는 작업, 즉 만들고 이론화하고 테스트하고 디자인에서 모델링하고 새로운 제품과 체계를 발전시키는 작업을 진행한다. 가능세계는 허구가 아니고 공학자가 관심갖는 영역이다. 항공엔지니어이며 교육학자인 테오도르 폰 카르만은 반복적으로 주장한다.

 과학자는 존재하는 세계를 발견하고 공학자는 존재하지 않는 세계를 창조

---

1 이 말은 가능한 디자인 옵션을 평가하기 위해 열린 모임에서 나왔다.

한다.

더구나 공학적 지식의 기원과 지위에 대한 인식론적 문제는 공학자들의 관심을 거의 끌지 못한다.[2] 공학자는 실용적이다. 공학자들은 자신들의 결과물이 자신들의 의도대로 작동한다면, 그 지식이 정당하고 참이라고 생각한다. 그들이 보여주겠지만, 그런 지식은 기본적으로 사물의 작용과정에 대한 이해도를 높여주고 좋은 근거를 제공하는 현상을 과학적으로 설명해준다. 이것은 나의 일을 복잡하게 만든다. 왜냐하면 나의 의도는 공학자들에게 철학이 실제로 중요하며 중요할 수 있다는 것을 보여주는 것이기 때문이다. 나는 디자인이라는 좋은 일을 수행하는 데 기여하는 방향에서 탐구하고자 하며, 학생들이 삶 뿐만 아니라 전문적 일을 더 잘 준비하도록 도와줄 수 있는 방법을 재능있는 선생으로서 탐구하고 싶다.

대부분의 전문가들은 디자인과정 자체가 향상될 필요가 있다는 것에 동의한다.[3] 많은 사람들은 공학자가 혼자 자신의 방에서 전체의 특정 부분을 연구한 다음, 벽을 넘어 같은 통로의 다음 방에 자신의 연구를 넘겨버리는 시대가 끝났다는 것을 알고 있다. 공학교육을 향상시키기

---

[2] 주목할만한 예외는 다른 항공우주 공학자인 W. Vincenti 저서, *What Engineers Know and How They Know It*, (Johns Hopkins Univ. 1990.)이다. Vincent Hendricks, Arne Jakobson, Stig Pederson의 훌륭한 논문, "Identification of Matrices – in science and engineering", (*Journal of General Philosophy of Science*, 2, 2000)은 덜 알려졌다.

[3] 디자인과정을 향상시키면 제품의 질이 반드시 향상되느냐 하는 것은 재미있는 문제이다. 누구나 그럴 것이라고 기대하겠지만 이것이 참일 필요는 없다. 그러나 이것은 두 가지 점에서 위험하다. 첫째, 더 좋은 과정이나 제품에 대한 판단 문제는 누구에게 물어보는가에 의존할 것이다. 둘째, 특히 사실 이후에 판단이 내려진다면 더 좋거나 나쁜 제품이 문밖으로 나와 세상에 나오게 된 후에 전체 논증은 쉽게 순환적일 수 있다.

위해 노력하는 일부 사람들은, 교수들이 자신을 둘러싼 세계에 대한 전문지식을 휘날리며 칠판을 채워가는, 전통적인 강의방식에 도전하기도 한다. 그러나 양쪽에서 직업을 새롭게 하기 위해 제안된 구제책과 변화는 부족하다. 나는 왜 그런지를 설명하고 싶다.

앞에 주름을 예쁘게 단 오즈처럼 커튼 뒤로 가서, 나도 이런 탐구에 의해 일반 독자들이 공학을 더 좋고 더 참되게 이해할 수 있기를 희망한다. 가령, '공학은 어떤 자원과 지식과 노하우를 필요로 하는가, 공학은 무엇을 할 수 있을 뿐만 아니라 무엇을 할 수 없는가' 라는 탐구가 그런 사례이다. 나의 주장은 철학자의 입장에 어느 정도 흥미를 유발할 수도 있을 것이다. 아마 철학자들은 공학적 사고와 실천에서 오래된 주제를 키워내기 위한 비옥한 땅을 발견할 수 있을 것이다.

어떤 철학자들은 기술이 비평하고 분석할만한 가치있는 주제라고 생각**하였다**. 그러나 디자인과정이 접근하기 어렵고 복잡하기 때문에 또는 공학이 매우 평범하고 규칙을 중시해서 비판하고 분석할 가치가 없기 때문에 기술 디자인을, 언급할 가치가 있는 주제라고 생각하는 사람은 많지 않다. 아마 이것은 기술을 목적으로 하는 철학적 탐구, 예를 들어, 기술과 그 "영향"의 독립적인 성격에 대한 탐구의 특성과 일치할 것이다.

델프트 공과대학의 일부 철학자들은 기술을 다르게 생각한다. 델프트 공과대학은 미국의 국립과학재단과 동일하게 네덜란드의 재단에 의해 운영되는데 일부 철학자들은 기술적 인공물의 "이중적 본성"을 더 잘 이해하고자 노력하고 있다.

한편 구체적인 물리적 구조(물리적 성질)를 가진 **물리적 대상**의 움직임은 자연법칙에 의해 지배된다. 반면에 기술적 대상의 본질적 측면은 그 **기능**에 있다.

기술적 대상의 이중적 본성은 두 가지 다른 측면, **구조적 측면**과 **기능적 측면**
에서 생각해볼 수 있다. 그것이 물리적 대상인 한에서 기술적 대상은 … 그
대상의 기능에 대한 어떤 언급 없이도 물리적 (구조적) 속성과 움직임에 의
해 서술될 수 있다. 그 기능에 대해 기술적 대상은 의도적 (목적론적) 방향
에 의해 서술된다.[4]

그 구분이 실재적인 반면 그 이중성에 대해서는 "두 문화" 또는 "기
술의 사회적 영향"을 말하는 사람들이 생각하는 어느 한쪽 표현으로
간주하지 않아야 한다. 현안은 이런 종류의 문제가 아니다. 오히려 그
탐구는 제품 디자인과 개발 참여자들이 관심 그리고 신념과 의도를 기
능적 산물로 변형시키는 방법을 설명하는 것이다. 인공물이나 조직을
만든 사람들은 어떻게 (물질적) 실체에 적절한 형식을 부여해서 그 결
과 그것이 의도한대로 적절하게 기능하도록 만드는가? 이것 또한 나의
관심이다.
  나는 철학자가 아니다. 나의 모든 형식적 교육은 공학이었다. 그러나
나는 30년 이상 C. P. 스노우가 제기한 도전을 진지하게 생각했으며 두
문화를 연결하기 위해 노력했다. 나는 기술의 역사에 대해 많이 알고
있으며 과학과 기술의 사회적 연구에 대해 열정적인 관심을 갖고 있다.
더구나 철학은 이런 영역과 매우 떨어진 세계에 위치하고 있다. 그것은
다른 학문분야이며, 새로운 학습 즉, 적합한 질문이 무엇인가, 더구나

---

4   *The Empirical Turn in the Philosophy of Technology*, Kroes, P. & mejers,
A.,(eds) Elsivier Science, 2000. p. 28.

중요한 질문이 무엇인가, 일관되고 적합한 반응이 무엇인가에 대한 새로운 감각과 새로운 개념을 요구하는 전혀 다른 세계이다. 나는 이제 이런 영역에서 말하며 배우기를 시작하고 있다. 그리고 초심자로서 서투른 질문거리를 많이 갖고 있다. 이러한 상황에서 나의 접근방법은 형식적인 논문을 쓰는 것이 아니라 디자이너, 컨설턴트, 연구원, 교사로서 나의 경험을 활용하여 매우 생산적인 관계를 설정하고 탐구하는 것이다.

나는 기계공학 분야에서 연구하고 가르치는 교수라는 직업으로 인생의 대부분을 보냈다. 나는 나의 학생들 가운데 일부가 명백히 무능하다는 것에 대해 매년 놀라고 있는데, 거기에는 세계를 바라보기, 다리와 건물 그리고 힘과 토크(torque) 같은 문제들이 항상 있었다. 종종 그들은 어떤 문제에 도전받았을 때 매우 이상한 문제를 제기하는데, 내가 제공하는 설명을 받아들이지 못하고 소화하지 못하는 것 같다.[5] 과학교사들의 꼬리표인 "심각한 오해"를 대비하는 책임을 맡은 교수들이 여러 분야에 있다. 과학교육 학술 저널에 "심각한 오해"에 대한 연구 주제 목록이 계속 증가하고 있다. "소박한 과학", "상식과학", 또는 여전히 관대한 젊은이들의 "대안적 세계관"은 모두 사물이 실제로 작용하는 방식, 예를 들어, 행성의 운동에 대한 진실한 이야기, 동일한 정반대의 내부력, 일정하게 가속된 운동 등을 위해 근절되거나 사라졌다.

나 자신은 학생들의 입장에서 이런 이상한 행위가 새롭고 도발적이라고 생각한다. 그런 도전을 받았을 때 나는 학생들이 세상 어디에서 사물을 바라보는 이상한 방식을 갖게 되었는가를 알고 싶다. 그들은 자

---

5   오스트리아 시골에서 중학교 학생들을 가르치는 동안 비트겐슈타인이 갖고 있었던 경험이 자신의 철학적 변화를 자극했던 것이라고 추측한다. Monk, Ray, *Ludwig Wittgenstein:the duty of genius*, London, Jonathan Cape, 1990.

신들의 오해를 정당화하기 위해 무엇에 의지하는가? 학생들이 인정할 수도 있고 인정하지 않을 수도 있지만, 만일 내가 학생들의 개념 틀의 일부를 재구성해줄 수 있다면, 나의 인식방법에 의해 대학생은 오류에서 벗어날 수 있는 좋은 기회를 갖게 될 것이다.[6]

오해가 꼭 무능을 의미하지 않는다. 상식은 보통 (상식이 과학에 의해 취소될 때까지) 사고, 행위, 사회적 교환의 기초로서 우리에게 기여한다. 한편으로 의심의 여지가 없는 가정과 다른 한편으로 오래전에 사라진 신화와 상징은 보통 무해하다. 사실 그것들은 평상시 작용하고 있다.[7] 정말로 오해와 상식이 도무지 허용되지 않는다면 우리는 여전히 철기시대에 살고 있는 것이다. 포퍼가 옳다. 진보는 기발한 추측과 가능한 반박의 산물이다.

그러나 요즘은 보통의 시대가 아니다. 기술의 발전, 특히 컴퓨터와 커뮤니케이션과 정보처리기술의 발전은 정치학, 상거래, 공학과 공학교육의 세계를 집어삼키고 뒤흔들었다. 엔지니어들은 부분적으로 기술개발에 대해 책임이 있고 기술개발을 따라야 하며 기술개발과 함께 사는 것을 배워야 하며 다른 사람들만큼 기술개발을 효과적으로 사용해야 한다. 교수들은 기술개발을 배우고 기술개발과 함께 가르치는 것을 배워야 하며, 전문가들은 기술개발의 문제를 처리해야 하고 기술개발을 직접적인 요구대로 만들어야 한다.

공학적 실천과 직업적 삶의 본질과 조직에서 전반적인 변화가 있기 때문에 직업에서 새로운 "도구"를 사용하기 위해 학습하는 범위를 넘

---

6 관심도 더 일반적인 문제이다. 명백히 비합리적인 설명이 무엇인가에 대해서 어떻게 합리적으로 설명하고 설명할 수 있는가?

7 Lakoff, G., and Johnson, M., *Metaphors We Live*, Chicago, Univ. Chicago Press, 1980

어서서 변화가 진행되고 있다. 계산도구와 방법이 더욱 세련되고 강력해져서 계산하고 분석하는 일보다 모델을 만들고 세상을 만드는 일을 강조하게 되었다. 계산기를 두드리고 화판(drawing board)을 사용하는 방식을 바꾼다면 우리의 시야는 확장된다. 희미하게 보이던 그림자는 이제 식별할 수 있는 모습을 갖게 된다. 디자인의 기준은 넓어진다. 산업 환경은 제품에 대한 경계가 "아웃사이더"의 관심에 더 이상 영향받지 않는다는 것을 말해준다. "공개 소프트웨어" 전략은 "최종 제품"의 아이디어에 의문을 제기하고 전통규범의 소유권 관리 방식에 도전하는 디자인 등장에 기여하는 다른 하부 흐름의 적법성을 인정한다. 윤리적 문제와 안전 문제는 과학적 분석과 도구적 분석의 기본구조에 스며드는 디자인과정에 포함되어 있다. 동시에 엔지니어는 다학제적이고 다중가치적이어야 한다. 그들은 여러 팀(이 팀은 동일한 공간에서 만나는 팀이 아니다)에서 작업할 수 있어야 한다. 왜냐하면 요즘 제품의 디자인과 개발에 참여하는 사람들은 지구 이곳저곳에 퍼져있을 수 있기 때문이다. 디자인과정에서 여러 목소리들이 조화롭게 동시다발적으로 진행되어야 한다. 이런 새로운 혼합의 결과로 엔지니어가 직면하게 되는 불확실성과 애매성을 강조하는 것은 필자 혼자만의 일이 아니다.

일상적인 사고와 행동 방식이 의심을 받고 철학이 계몽의 가능성을 입증하는 그런 시기가 있다. 왜냐하면 철학의 목적은 세계를 바라보고 말하고 궁극적으로 재건하는 대안을 확인하고 분석하고 증명하고 탐구하는 것이기 때문이다. 이 에세이의 의도는 본질을 끄집어내려는 목적으로 공학적 사고와 실천의 특징을 평가하는 것이다. 이 변화의 시기에 여러 번의 수정을 통해 변화의 필요성이 있는 것이 무엇인지 가장 신성하게 남아있는 것이 무엇인지를 합리적으로 언급해주는 방법을 우리가 알아가는 과정에서 여러분이 도움받기를 기대해본다.

나는 그런 기본토대를 이전에 한 번 써보았다. **디자인하는 엔지니어**
(*Designing Engineers*)[8]에서 나는 전 세계 엔지니어들이 전시 계층구조
(show hierarchy) 안에서 만들고 작업한다는 것을 언급했다. 수학이론
과 과학이론은 더 높다. 예를 들어, 탄성이론의 개념과 원리는 그 이론
으로부터 도출되는 특정한 관계보다 더 근본적이며, 무거운 외팔보 안
의 압력, 기둥의 좌굴하중, 얇고 평평한 판의 진동방식 같은 구체적인
현상을 서술하는 특정한 관계보다 더 근본적이다. 나는 엔지니어가 우
연성, 보존원리, 원인과 결과, 구체적 특수와 추상, 측정, 정량화, 예측
과 확실성의 문제에 개입된다는 것을 언급했다. 여기에서 나는 엔지니
어의 "우주론"이라고 감히 명명했던 것의 특징을 찾아내는 연구를 다
시 한 번 시도하려고 한다.

먼저 이 안에는 세계를 바라보고 일을 진행해가는 환원적인 방법이
있다. 물론 한 디자인이나 체계의 구조를 도구적으로 보통 정량적으로
평가하는 것은 일을 끝내기 위해 필요하지만 그것으로 충분하지 않다.
예를 들어, 한 디자인 작업을 분명하게 구분된 독립적인 하위작업들로
환원한다고 생각해보자. 그런 시도는 언제나 있어야 하지만 나는 하나
의 일이 다른 일로부터 완전하게 독립하는 것은 있을 수 없다고 생각한
다. 서로 다른 하위작업들의 "상호작용"에 대한 타협은 언제나 요구될
것이다. 만일 이런 종류의 사회적 교환의 가능성, 아니 확률이 인정되
지 않거나 하나의 견해조차 되지 않는다면 디자인과정을 향상시키려는
어떤 시도도 실망스러울 수밖에 없다. 왜냐하면 디자인 참여자들의 다
양한 제안에서 생겨나는 긴장은 인터페이스상에서 갑자기 발생하는데
도구적 수단, 예를 들어 최적화 알고리즘만으로 해결될 수 있다고 상상

---

8   Bucciarelli, L.L., *Designing Engineers*, MIT Press, 1994.

하는 것은 잘못이기 때문이다.

혹은 엔지니어가 보고, 생각하고, 모델링하고 예측하는 어떤 과정에서 항상 이루어지는 "다른 조건이 동일하다면"이라는 가정을 생각해보자. 물론 우리는 궁극적으로 세상에 일종의 항상성을 부여해야 하며, 계획과 결과물이 성공적으로 작용하는 데 우선적으로 중요하다고 생각되는 것에 관심을 제한해야 한다. 그러나 안과 밖 어느 곳에 경계선을 긋느냐 하는 것은 우리가 존재한다고 인정하는 범주에 의존할 뿐만 아니라 우리의 전문성의 도구적 관점으로부터 "자연적으로" 나오는 요소들의 상대적인 의미에 의존한다. 예를 들어, 만일 당신이 사회적 행위자를 기계로, 인간공학적 대상, 행동주의자의 박스로 생각한다면, 제품이 시민들 사이에서 공동체의식에 어떻게 기여하는가에 대해 누군가가 묻는다면 기계의 많은 이음매 부분이 어떻게 만들어지는지는 중요하지 않다. 여기에 맹목과 유사하고 다양한 종류의 오해가 있다.

다른 조건이 동일하다면(*ceteris paribus*)과 환원은 공학적 사고와 실천에는 기본적이다. 더욱 평범한 개념인 "제품"의 개념은 연합되어 있으며 우리는 제품의 경계가 날카롭고 뚜렷하다고 생각한다. 인공물은 물질적인 의미에서 분리되어 있을 뿐만 아니라 중립적이며 가치판단에서 자유롭다. 이것도 근시안적이다. 제품은 어떤 의미에서는 의도된 기능을 맞추기 위해 만들어진 물질이지만 다른 의미에서 이념적인 것으로 더 잘 해석된다. 제품은 우리의 실천뿐만 아니라 우리의 생각, 가치, 믿음을 가능하게 하고 영향을 주기 위해 만들어진 박스 이상의 인간의 창조물이다. 우리는 기술이 구조와 기능에서 이중적인 성질을 가지고 있다는 것에 동의할 수 있지만 이렇게 말하는 것은 너무 제한적이다. 우리 모두가 동일한 방식으로 생각한다면 기능은 디자이너와 가능한 사용자들의 알려진 의도에 제한되어 있는 반면, "구조"는 어려운 과학을 포함하고 있다고 생각할 수 있다.

나의 목적은 비판하기 위해 인식하거나 혹은 경우에 따라 인식하지 않는 특징적이고 기본적인 방법을 따르는 것이다. 그것들은 어떤 방식으로 더 이상 정당화되지 않는가? 새로운 방식의 사고와 새로운 방식의 인식이 어떻게 요구되는가?

공학교수로서 우리는 기본적인 것을 가르쳐야 한다고 주장한다. 더욱 일반적인 방식에서 사용된다면, 그 기본적인 것은 기계공학, 전자공학, 열역학 같은 분야들의 뿌리에 놓여있는 주요개념과 원리를 가리킨다(다른 분야들, 나무의 다른 종, 일부 종은 매우 얕은 뿌리를 갖고 있으며, 다른 일부 종은 서양인의 시각에서 멀리 중국에까지 간다). 기본적인 것들은, 내가 말하는 대상세계 언어로, 특정한 제품과 인공물과 조직이 기대하는 바대로 기능하는 방식을 서술하는 변항과 매개변수 중의 관계의 도출과 엔지니어의 발견법에 동의한다. 따라서 방정식과 단순한 추상적 이미지는 이어지는 장(章)들의 이곳저곳에 산재해 있다. 이 에세이는 공학교과서를 의미하지 않기 때문에, 이러한 상황에서 나는 독자들이 이 책을 찢어버리지 말고 읽어보기를 권한다. 오히려 나는 공학적 지식의 지위와 기능을 분석하고 설명하기 위해서 자신들 제품의 이유를 설명하는 만큼, 공학자 자신들이 만들고 의존하는 텍스트를 발표하고 비판할 필요가 있다고 생각한다.

교과서에 대한 나의 관심은 인문학, 예술, 사회과학 내에서 과거 세기를 넘어서 학문적 변화를 반영한다. 철학은 "언어적 전환"을 했다고 말한다. 학자들의 관심이 "저쪽 밖"이든 "나의 안쪽"이든, 이것은 도처에서 발견된 (사람을 포함하여) 세계의 사실에 대한 분석으로부터 세계에 대해 우리가 말하는 방식에 대한 분석으로 변화되었다는 것을 의미하는 것 같다. 그렇게 하는 과정에서 철학자들은 다음과 같은 것을 발견하였다. 즉, 어떻게 우리가 문제라고 생각하는 것이 우리가 중요하다고 말하는 방식의 문제이거나 문제일 수 있는지를 보여주기 위해 노력하는 오랜 시간 동안 우리는, 우리 자신이 무엇을 말하고 분명하게 하려고 하는지에 대해 알지 못하고 있다. 더욱 최근에 일부 사람들은 철학이 "인지적 전환" 또는 적어도 확장을 했다고 주장한다. 이것은 언어연구만으로 충분하지 않다는 것을 의미하는 것 같다. 우리는 이제 안으로 들어가서 어물어물 지내며 구성하고 투사하고 표현하는 인지 구조를 분석해야 한다.

그런 분위기에서 당신은 이 모든 전략에 대해 내가 전적으로 동의하지 않는다는 점을 추측할 수 있을 것이다. 사실 전적으로 동의하지는 않지만, 그 세계를 설명하려면 우리는 설명을 하고 있는 사람, 이 경우엔 엔지니어인데 그들의 편견, 가정, 그들이 의지하는 전통, 그들이 살고 있는 세계를 기술하는 방식에 대해 많은 관심을 가져야 한다는 생각에 동의한다. 명제, 사실, 추상 그리고 그 자체만을 연구하는 것으로는 충분하지 않다. 사실세계에 대한 다소 빈약한 그림과 명제로부터 전환한 이후 비트겐슈타인은 말과 텍스트 안의 규칙과 의미가 실천, 사용맥락과 결합되었다는 것을 깨달았다. 그는 규칙이 어떻게 적용되는가를 이해하기 위해서는 규칙이 어떻게 사용되는가를 연구해야 한다고 주장한다. "상황인지(situated cognition)"을 연구하는 사람들은 명제의 의미는 실천에 녹아들어 있다[9]는 동일한 말을 할 것 같다.

---

9 나는 "실천"에 대해 동의하지만 "실천"을 강조하는 것에 대해서는 조금 거리를 둔다. 그것은 생각없이 기술만을 행사하고 무반성적으로 행동하는 의미가 너무 내재해 있다. 분명히 행동하는 능숙한 실천가 — 예를 들어, 목수, 배관공, 외과의사, 피아니스트 — 들은 보통 그렇게 많이 생각하지 않는다. 예기치 않은 것에 의해 실천의 흐름이 방해받는 경우는 예외이다. 그것이 바로 능숙하다는 것의 본질이다. 망치가 여러 번 충격을 주고 횃불과 칼이 여러 번 휘둘린 이후에 당신은 멈추지 않고 방금 수행한 것을 생

일부 비판가들은 고전철학적 관심으로부터 멀어지는 이 모든 움직임 속에서 위험요소를 발견한다. 만일 언어, 실천의 문제, 규칙의 의미, 우리가 하는 게임, 우리가 말하는 사물들, 우리가 사용하는 교과서가 저자의 의도와 독자의 문화를 포함하여 단지 맥락에 대한 충분한 관심에 의해 설명될 수 있다면, 학문분야 내의 확고한 경계는 해소되거나 적어도 도전받는 경향이 있다. 추상적인 명제는 분리된 사실처럼 그 의미를 잃어버린다. 이런 것들이 내재해 있는 이야기는 연구할 필요가 있다. 수사학과 철학은 융합된다.

과학에서 사실과 이론의 이분법에 대해 동조할 수 있다. 철학자와 과학사가들은, 사실은 이론에 의해 결정되며, 이론은 세계를 보고 말하는 유력한 더욱 공적이고 일반적인 방법과 분리되어 존재하지 않는다는 것을 인식하게 되었다. 사실은 단순히 세상 밖에 있는 것이 아니며 발견되거나 드러나기를 기다리고 있다. 보기 위한 도구 뿐만 아니라 우리가 말하는 이론과 현존하는 이야기는 우리가 중요하다고 생각하는 것들—의미있는 것들, 변항과 변수들—뿐만 아니라 그것들이 상호작용하고 관계맺는 방법을 고정시킨다. 토마스 쿤은 코페르니쿠스주의자들이 아리스토텔레스주의자 같은 선행자와 다른 세상에 살았다고 주장하였다.

엔지니어들은 이야기를 환상적으로 구성하지 않고 내가 설명하고 싶은 방식으로 구성한다. 엔지니어의 설명은 객관적이며 과학적이고 일차원적이며 애매성이나 수사나 **은유**가 부족하다고 생각하는 것이 일반적이다. 그것이 다르다는 것을 알기 위해서 우리는 도구적 추리가 교과

각하고 건반 위의 다음 음표가 어디에 놓여있는지를 생각한다. 엔지니어는 여러 가지 방식에서 능숙하다. 그러나 그들은 멈추고 생각하고 다시 생각하고 다시 행위하며 자신들이 열심히 디자인한 대로 다시 생각한다.

서에 내재한 방식에 충분한 관심을 가질 필요가 있으며, 논증의 형식과 사용된 언어, 간단하게, 공학적 수사는 도구적 설명의 일부분이며 꾸러미라는 것을 인정할 필요가 있다. 여기에서 내가 일상적인 작업에서 엔지니어들이 사용하고 말하는 일상적인 교과서를 언급하고 있다는 점을 주목하라. 나는 보조금 신청서의 언어나 공적인 소비를 위해 만들어진 이야기에 대해 언급하고 있는 것이 아니다.

과거는 오늘의 일과 무관하다는 식의 또 다른 근시안은 공학적 설명이 갖고 있는 뚜렷한 초시간적인 성격에서 나온다. 공학적 설명은 이런 측면에서 과학적 설명과 같다. 우리가 어떤 인공물을 생각하고 있든, 기계, 새로운 제품, 컴퓨터 프로그램은 항상 그리고 어디서나 동일한 방식으로 작용하는 것처럼 보인다. 그것이 기초하고 있는 원리는 처음처럼 표현되어 있으며 지금도 그렇고 앞으로도 영원히 그럴 것이다. 기계의 구성은 변화하는 시대에 따라 새롭게 해석될 필요가 없다. 그러므로 수사학처럼 역사는 기술을 이해하는 것과 무관하거나 또는 그렇게 보일 것이다.

우리는 시간을 뛰어넘어 도구적인 성질을 갖는 "변항"과 이런 사건들만을 포함하도록 우리의 시야를 한정하면서 이러한 시각에서 공학적 사고와 실천에 대해 설명할 수 있다. 예를 들어, 우리는 새로운 제품이 작동하는 방식을 연구할 수 있고, 그것이 작동하는 이유와 그 다른 부분들과 하위조직의 통합방법을 나열할 수 있으며, 이런 도구적 설명이 디자인과정과 디자인 방식을 기술한다고 주장할 수 있다. 이것은 실수이다. 그것은 디자인이 협상과 반복의 사회적 과정이며 실수와 오해를 수정하는 사회적 과정이며—애매성과 불확실성이 많은 과정이라는 것을 인정하지 못한다.

기술의 발생을 이해하는 데 역사는 중요하다. 역사를 주시하면서 우리는, 말하자면 이념의 밀고 당기기, 물질적 표상과 과학적 원리의 혼합, 엔지니어가 노동하면서 받는 구속의 영역을 탐구하기 위해 기술의 우세한 도구적 현존을 지지한다. 우리는 기술의 시대에 뒤떨어진 본질을 폭로하고 그 제작조건을 드러낸다.

만일 우리가 엔지니어 자신들이 실토하는 형태의 도구적 설명을 넘어서는 어떤 것을 말하고자 한다면, 공학적 이야기와 역사적 과정의 연구를 통해, 철학과 공학의 연결과 관계를 탐구하고 설명하려는 나의 시도는 맥락이 중요하며 주목받아야 한다는 것을 인정하는 것이다. 만일 우리가 미래를 어느 정도 관리하고자 한다면, 이런 변화의 시기에 도구, 기구, 방법, 하드웨어와 소프트웨어 그러나 더욱 기본적으로 세계를 지각하고 읽는 방법 이상의 것들이 변화할 필요가 있다는 것을 인정해야 한다.

공학에서 우리는 오직 도구적이고 계산가능하고 과학적인 것을 사용하는 안경을 통해 세계를 바라본다. 세계의 나머지는 그저 흐릿하다. 나의 주장은 우리가 세계를 다르게 바라볼 필요가 **있다**는 것이다. 우리가 살고 있고 지금 만들고 있는 세계는 다른 세계이다. 공학적 사고와 실천의 환원적이고 도구적인 성격은 우리가 설명하고 비판하고자 하는 것이다.

이어지는 에세이에서 우리는 직접적인 방식이 아니고 엔지니어가 개입하는 다양한 종류의 활동을 통해서 우리의 주제에 접근한다. 첫 번째 에세이 2장은 디자인 언어와 그 다름이 가져오는 협상을 서술하며 두 번째 에세이는 엔지니어가 실패와 오류를 다루는 방법을 말하고 있다. 세 번째 에세이는 엔지니어가 자신들이 다시 만든 세계를 모델링하고 이상화하는 방법을 탐구하고, 네 번째 에세이는 엔지니어들이 가르치는 방법을 다룬다.

2장

디자인은 언어처럼 사회적 과정이다

대부분의 항공 엔지니어들에게 친숙한, 항공기 디자인을 묘사하는 카툰이 있다. 그것은 그 디자인 책임자들의 다양한 관심과 일치하는 마지막 제품의 다양한 모습을 한 장에 6장의 프레임으로 보여준다. 구조공학자의 모습은 비행기가 부서지지 않는다는 것을 말해주는 무거운 아이빔(I-beam)을 포함한다. 비행기의 동력을 책임지는 디자인 참여자의 모습은 커다란 쌍둥이 엔진을 지지하기 위해 요구되는 것보다 매우 작은 구조를 보여준다. 공기역학자의 모습은 우리가 상상하는 것만큼 단정하고 가냘프다. 조종사를 위한 여지는 거의 없다. 대부분 마찬가지다. 사실, 세상사는 모두 그와 비슷하다. 왜냐하면 엔지니어링 디자인은 다양한 개인들이 참여하는 과정이며, 각각 디자인의 목적을 바라보는 다양한 방법을 갖고 있지만 상호간에 협동하는 개인들은 함께 창조하고 상상하고 추측하고 제안하고 연역하고 분석하고 테스트하고 일정한 요구와 목적에 맞게 새로운 제품을 개발해야 하기 때문이다.

거의 가장 단순한 종류의 디자인 프로젝트 참여자들은 다양한 책임을 가지며 자주 한 개인의 창조와 발견과 주장과 제안들은 다른 개인의 것과 일치하지 않는다. 그들 모두가 어떤 수준에서 공통의 목적을 공유하는 반면 다른 수준에서 그들의 이해는 충돌할 것이다. 결과적으로 그 노력을 일관성있게 가져가려면 타협과 "거래"가 필요하다. 결국 이것은 디자인을 사회과정으로 만든다. 만일 우리가 여기서 멈추더라도 이것이 그렇게 큰 문제가 되지는 않는다. 그 상황을 복잡하게 만들고 디자인을 높은 수준의 도전으로 만드는 것은 곧 각각의 참여자들이 디자인의 목적을 다르게 본다는 것이다.

디자인하는 엔지니어(*Designing Engineers*)[1]에서 나는 이 주장에 대한 증거를 제시했다. 나는 세 개의 디자인 프로젝트에 대해 보고하는데, 하나는 소그룹 10명으로 구성되어 있으며 커다란 태양광모듈의 디자인과 개발 회사에 참여했다. 이 책에서 나는 디자인에 참여한 사람들이 얼마나 다르게 그 디자인을 바라보고 나의 관찰과 추측의 결과를 분석하는지를 서술하고 있다.

"솔라레이(Solaray)" 팀에는 모듈프레임, 뒤붙임의 보호층, 커버글라스의 크기, 제품의 조립 설계를 책임지는 기계공학자가 포함되었다. 전기공학자는 궁극적으로 태양광전지의 직렬/병렬 순환성, 진공관의 수와 배치, 접속과 전선을 포함하는 전기적 하드웨어의 선택의 설계에 대해 책임이 있었다.

전지생산을 담당하는 재료공학자의 책임은 개별전지의 성능을 특징짓고 전지에서 전지로의 통계적 변화가 전체적으로 모듈의 결과에 어떻게 영향을 주는지를 탐구하는 것이다. 공학적 배경을 가진 마케팅 담당자는 그 조직의 공학그룹을 주도했다. 그의 주요한 관심은 한 모듈의 규정된 전압전류 특성은 넓은 범위의 다양한 소비자의 특정한 요구를

1   Bucciarelli, L.L., *Designing Engineers*, MIT Press, 1994.

충족시키는 모듈집합 조직의 구성을 고려한다는 사실에 대한 지식이다. 각각의 사람들은 크고 새로운 태양광 모듈 디자인에 대해 어느 정도 의미있는 말을 했다.

회사 솔라레이(다른 회사처럼 이익을 위해 생산하는 것이 목적인 회사)의 모든 구성원들은 모두 자신들과 회사의 생존에 기여하는 양질의 제품을 디자인하게 되었다. 동시에 그들은 각각 디자인의 목적, 임계 디자인 변수의 상대적 중요성, 그것의 설정방법에 대해 다양한 견해를 입증하면서 서로 경쟁한다.

시스템 공학자에게 모듈은 "블랙박스"였다. 시스템 공학자는 모듈을 하나의 전체로 간주하는데 이것은 일정한 범위의 시스템이 요구하는 모선전압과 전력레벨을 제공하기 위해 직렬병렬로 다른 모듈과 조합되는 장치이다. 태양광전지의 속성 분산의 특징에 관심을 갖는 재료공학자는 모듈을 전혀 "알지" 못했다. 오히려 그에게 전지는 그 전반적인 움직임이 개별 전지의 전류전압 특성 중에 "잘못된 조합"에 의존하는 전기회로의 단위이다.[2] 반면에 시스템 그룹 출신의 전기공학자는 전지를 대체가능한 직렬/병렬 회로구성의 디자인과 일치하는 것으로 생각했다. 그는 모듈을 이상적인 전류 생산자와 연합된 전기요소의 회로 위상학으로 기술하며 기계공학자는 모듈의 구조에 관심을 갖는다. 프레임과 커버글라스는 마음속에서 제일 중요하다. 그에게 전지는 판에 의해 지탱되고 고정되어 날씨로부터 보호될 필요가 있는 깨지기 쉬운 유리 회로판이었다.

광전지(태양광전지) 모듈에 대한 해석 차이는 다양한 개인들의 책임

---

2 Bucciarelli, L.L., "Power Loss in Photovoltaic Array due to Mismatch in Cell Characteristics", *Solar Energy* 23 (1979): 277–288.

과 관련있으며 다양한 교육의 역사와 직업상의 경험에 기인한다. 각 개인들은 대상에 대한 자신의 해석을 디자인과정에 투입한다. 그것은 눈으로부터 세계로 빛이 방사되는 것을 보여주는 옛날의 시각이론과 같다. 이 빛은 대상의 존재와 본성을 알려주는 선각자를 비추고 선각자로 되돌아오는 빛이다. 유사하게 디자인하는 다양한 개인들은 디자인의 목적에 의해 다양하게 반영되는 다양한 성격의 빛을 내보낸다. 각각의 참여자들은 전문 영역 내에서 사고와 실천의 기준에 맞추어 다르게 바라보며 그것은 그들이 다른 세계에서 살고 있는 것과 같다.

우리는 다중의 세계 예를 들어, "수학세계", "말의 세계", "에셔의 세계", "곤충들의 놀라운 세계"[3]에 대해 종종 이야기한다. 말의 세계는 에셔의 세계와 다르며 곤충들은 전적으로 다른 환경에서 경쟁하며 살고 있다. 이 모든 동물들은 동일한 세계에서 살고 있지만 우리는 그 동물들이 훨씬 더 큰 세계를 다르게 바라보고 경험한다는 것을 인정해야 한다. 우리는 그 동물들이 공약불가능한 세계에 살고 있다고 주장할 수도 있다. 공학 내에서도 마찬가지인데 구조공학자는 세계를 다루고 세계를 서술하고 말하는 일정한 방법을 갖고 있다. 그는 기준과 규정, 받침기둥(support) 공급자와 컨설턴트의 기본구조, 예를 들어, 표준적인 구조형식과 구조단면 자료실에 의존한다. 더욱 형식적으로 말하면, 무게가 가벼워지거나 날아가거나 진동하거나 변형될 때 탄성체와 구성요소들이 어떻게 움직이는지를 기본 단계에서 서술하는 수학이론이 있다. 모든 형태와 크기의 복잡하고 단순한 구조를 모델화하기 위해 특별히 디자인된 컴퓨터 프로그램들이 있다. 재료와 완성된 건축물을 테스트하기 위한 기계들도 있다. 이런 부분에서의 사용을 위해 기계장치

---

3   Google : Advanced Search, Exact Phrase "the world of", February, 2002.

와 센서들이 특별히 개발되었다. 나는 구조공학자들이 그들 자신의 전문학술지와 직업공동체, 그들 자신의 실존적 즐거움을 갖고 있다고 생각한다.

전자공학자의 세계는 서로 다르다. 표준과 규정의 다른 하부구조, 선택해서 만들어야 하는 다른 재고 장치들, 수학의 다양한 형식, 스케치와 모델링의 다양한 방법 — 여기에서는 주로 블록 다이어그램(block diagram) 그림 — 그리고 조직을 모델링하는 다양한 컴퓨터, 도구 테스트와 장치 테스트는 다르다. 시간도 다른 특성을 갖고 있다. 역동적인 반응이 우세하며 그들의 전문학술지와 공동체는 다른 공학 분야의 그것과 서로 다르다.

그리고 디자인과정에 대해 의미있게 말하는 모든 사람들의 목록이 있다. 각각은 특별한 사물의 세계에 살고 있으며 특별한 양식의 표현을 사용한다. 그 세계는 독특한 기구, 참고텍스트, 전형적인 하드웨어, 특별한 도구, 공급자의 카탈로그, 코드, 규정과 불문율을 갖고 있다. 주민들의 노력을 빛나게 해주고 활기차게 해주는 특정한 세계와 특정한 메타포의 전문적 관점에서 볼 때 사물이 작용하는 사례와 방법의 표준모형이 있다. 상태와 과정을 그래프로 표현하는 특별한 방법과 특별한 전산적 방법이 있으며 각각의 참여자들은 특정한 단위조직과 특정한 차원의 변수와 일정한 가치영역과 함께 작업을 수행한다. 역동적 과정은 그 과정이 자신들의 관심이라면 특정한 시간의 척도 속에서 진행된다. 그런데 시간이란 것이 어떤 사람에게는 1/1000초이고 다른 사람에게는 한 시간이거나 하루일 수 있다. 다양한 참여자들이 다양한 **대상세계** 안에서 작업을 진행하는 것 같다.

엔지니어링 디자인 – 다른 시각

계속 진행하기 전에 잠깐 멈춰서 나는 엔지니어링 디자인과정에 대해 다른 사람의 견해와 더 표준적인 설명을 제시하려고 한다. 나는 여러 가지 이유 때문에 그것을 하려고 한다. 첫째, 만일 우리의 의도가 그 과정을 향상시키기 위한 처방을 제안하는 것이라면 디자인을 사회과정이라고 말하는 것이 그렇게 지나친 것 같지는 않다. 둘째, 디자인과정을 바라보는 다른 방법은 그 과정을 향상시키려고 노력하고 실제로 사용하는 사람들에 의해 심각하게 제안되었다. 나는 그 사실을 인정해야 한다. 셋째, 가장 관심갖는 부분인데, 철학과 공학을 연결시키려는 우리의 의도를 염두에 두는 것은 디자인을 사회과정으로 생각하는 것과 디자인을 도구과정으로 생각하는 것을 비교하는 것이다. 그 의미는 내가 제시하는 사례와 함께 분명해질 것이다. 그 사례는 공학을 생각하고 수행하는 방법에 대한 즉각적인 질문이다. 만일 우리가 그 질문을 심각하게 제기하려면 철학적 센스가 요구된다. 나의 의도는 디자인과정을 안내하기 위한 효율성에 의해서 그 방법을 비교하는 것보다는 그들이 디자인과정을 생각하는 다양한 방법을 어떻게 표현하는지를 탐구하는 것이다.

딕슨[4]에서 인용한 그림 2.1은 공학교과서에서 표현되고 서술되는 것처럼 디자인과정에 대한 전통적인 그림을 보여주고 있다. 그것은 왼쪽에서 "목표 인지", "작업 조건"과 함께 시작해서 "유통, 판매, 서비스"로 끝나는 디자인과정의 일부 단계를 보여준다. "엔지니어링 분석"이라는 이름의 박스는 내부적 작업을 보여주는 오른쪽 부분에 펼쳐진다.

---

4   Dixon, J., *Design Engineering*, New York: McGraw-Hill, 1966.

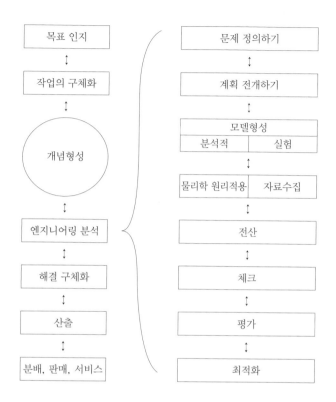

그림 2.1 디자인 프로세스

그림 2.2는 종류는 다르지만 비슷하다. 저자들, 폴과 바이츠[5]는 다음과 같이 말한다.

그 접근법의 반복적인 특성을 특히 강조할 필요가 있으며, 단계의 순서는 엄격하다고 생각할 필요가 없다. 일부 단계는 생략될 수 있으며 다른 단계는

---

5 Pahl, G., and Beitz, W., *Engineering Design: A Systematic Approach*, (trans. K. Wallace, L. Blessing, and F. Bevert), 2nd ed., Springer 1996, p. 24.

종종 반복될 수 있다. 그런 유연성은 실제적인 디자인 경험과 일치하며 모든
디자인 경험을 적용하는 데 매우 중요하다.

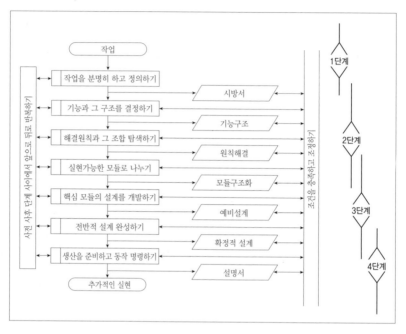

그림 2.2 디자인과정: 조금 더 복잡한 그림

마지막으로, 더 최근의 기계공학 학술지[6]에서 가져온 그림 2.3은 서
로 다른 기술적 책임과 관심을 가진 다양한 참여자들이 디자인의 대상
을 다르게 본다는 나의 주장과 여러 가지 측면에서 일치하며, 다양한
종류의 디자인 관점을 보여준다. 그 그림은 "시스템분석과 연결된 세
개의 분야"를 나타낸다. 그것은 내가 생각하고 있는 세 개의 대상세계

6 Tappeta, R. V., and Renaud, J. E., "Multiobjective Collaborative Optimiza-
tion", *ASME Journal of Mechanical Design*, September, 1997, vol. 119, pp. 403–
411.

를 보여준다. "분야", "하위공간"이라고 불리는 각각의 박스 안에서 나는 다양한 "상태변항 y_1, y_2와 y_3"을 책임지는 사람들을 본다.

저자들은 다음과 같이 말한다. "이 상태변항들은 세 개의 독립적인 집합인" 반면 x는 궁극적으로 디자인을 최적화하기 위해 선택해야 하는 변항을 나타낸다. 이것들 중의 일부인 x_{sh}는 세 개의 분야에서 공유된다. g는 구속방정식이다. f는 "분야의 디자인 대상"을 포함한다. 그것들은 상태변항에 의존한다.

디자인과정의 세 가지 표현은 유사한 특성을 나타내고 있다. 마지막을 제외한 두 개의 그림에 의하면 디자인은 구체적인 상황에서 행해지는 역동적 과정이다. 그림 2.1, 그림 2.2와 제어 공학자의 블록 다이어그램의 유사성은 주목할 필요가 있다. 그러나 제어분석에 사용된 그림과 비교하면 여기에는 반복으로 간주되는 피드백이 있는 반면 시간변화과정에는 명확한 시작과 끝이 있다. 그림 2.1, 2.2에서 시간은 그림의 맨 위에서 시작되고 과정을 통해 우리가 내려감에 따라 흘러간다. 뒷걸음칠 가능성이 있으며 폴과 바이츠가 말한 대로 우리는 이동함에 따라 어떤 단계를 남겨놓을 수 있다.

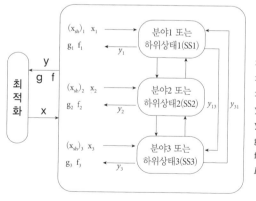

x = 시스템의 디자인 벡터
x_{sh} = 공유된 디자인 벡터
x_i = 분야에 고유한 디자인 벡터
y = 시스템의 상태 벡터
y_i = 분야$_i$의 하위상태 벡터
g_i = 분야$_i$의 디자인구속 벡터
f_i = 분야$_i$의 목적함수
F = 가중된 시스템의 목적함수

그림 2.3 디자인에서 다목적 최적화

마지막 그림은 중요한 점에서 다르다. 결과는 맨아래가 아니라 왼쪽에 위치해 있다. 시간의 흐름은 인지되지 않는다. 그리고 이 그림은 디자인과정을 표현하지 않고 디자인 변항과 매개변수를 최적의 방식으로 결정하기 위한 순수한 도구적 과정 ― 알고리즘 ― 을 표현한다. 이 모든 것은 기계에 의해 순식간에 진행된다. 이것은 그 과정이 진행되며 알고리즘을 최적화하는 하나의 과정으로서, 현실적인 방법이라고 말하고 있지 않다. 기계의 장점은 그 기계가 손상없이 계속 진행될 수 있다는 점이다. 이런 방식으로 입력과 출력, 작용가설을 사용하는 것은 디자인에 대한 다양한 부분 중에서 교환의 요소가 될 수 있다.

우리는 엔지니어링 디자인과정을 바라보고 표현하는 다양한 방법을 갖고 있다. 나의 모델은 블록 다이어그램 없이도 그 사회적 성격을 분명히 옹호한다. 딕슨, 폴과 바이츠의 모델에 표현된 두 번째 모델은 사람이 없는 도구적 또는 기계적 과정을 강조한다. 세 번째 모델은 디자인을 전산적 알고리즘으로 표현한다.

세 가지 그림은 디자인 활동을 세 가지 다른 수준에서 말하고 있다고 할 수 있다. 나의 모델은 디자인을 책임지는 사람들의 기구에 대해 관심을 갖고 있는데, 도구주의자는 디자인과정을 조직화하는 일에 관심을 갖고 있으며, 분석론자들은 디자인의 후속 단계에서 이루어지는 의사결정과정에 관심을 갖고 있다. 이것에 무엇인가가 있지만 그 스토리에는 더 많은 것이 있다. 세 개의 표현을 추적하고 구분하는 방법은 그 자체로 매우 도구적이다. 이것은 내가 찾고 있던 분리 즉, 디자인을 순수 기술적 도구적인 과정으로 보는 것과 디자인을 사회과정으로 보는 것 사이의 분리를 흐릿하게 만든다. 나의 견해를 조직적이라고 말한다면 그것은 근시안적이며 요점을 잃는 것이다.

내가 하고 있는 일을 이렇게 잘못 특징짓는 것은 어느 정도 내 목적

을 **달성하는** 셈이다. 왜냐하면 나는 저자들의 표현방식과 디자인 참여
자들에 대해 관심이 많기 때문이다. 교과서의 "목소리"와 그림에 대한
나의 관심은 목적을 갖고 있다. 이 에세이와 후속하는 에세이에서 나의
주요 관심은 디자인과정에 참여하는 엔지니어들의 레토릭(rhetoric)이
다. 나의 주장은 다양한 표현양식은 세계와 개념적 대상의 존재 — 그
존재론적 지위 — 대상세계 내에서 사고와 실천을 만들어주는 다양한
패러다임의 과학 원리와 조건들의 의미와 범위에 대한 사고의 다양한
방법과 함께 한다는 것이다. 디자인을 다양한 참여자들이 다양한 대상
세계 — 제한된 의미에서 공약불가능한 세계 — 안에서 작업을 하는 사
회과정으로 보는 나의 방식은 그들이 다른 언어를 사용하고 있다는 주
장으로 이어진다.

대상세계의 언어[7]

물론 디자인 참여자들은 공통의 언어, 자신들의 모국어 예를 들어 영어
를 공유한다. 그리고 언어는 대상세계 안에서 작업하는 참여자와 약간
떨어져서 사람들이 듣는 소리와 읽는 단어를 특징짓는다. 그러나 듣고
말하고 읽는 이런 표현들의 느낌과 의미는 일상적인 용어로 해석될 수
없다. 왜냐하면 대상세계는 구체적인 과학적인/도구적인 패러다임이
의미를 결정하는 세계이기 때문이다. 우리의 일상언어는 참여자들이
다른 언어를 말하고 있는 것처럼 특별한 방식으로 사용된다. 그것은 외

---

7 이 절은 Bucciarelli, L. L. "Between Thought and Object in Engineering
Design" *Design Studies*, 23, (3), pp. 219–232, May 2002.을 많은 부분 수정하였으
며, 엘시비어사(Elsevier Science)의 허락에 의해 게재되었다.

국인인 당신에게 번역이 의미있을 것이라는 점에서 다른 것은 아니다. 물론 기술 사전에 장점이 없는 게 아니고 대상세계의 사물 중 개념과 사상과 관계를 알고 이해하려면 외국어 학습처럼 학습이 요구된다는 의미에서 다르다고 하더라도, 결국 그 단어들은 영어**이다**. 그리고 그 도전은 예를 들어, 수학적 기호 표현의 광범위한 사용을 이해하는 문제가 아니라 프랑스, 덴마크, 스페인, 일본말을 제대로 하는 것은 어느 정도 문화와 함께 "살아간다"는 것을 의미한다. 그러므로 대상세계 안에서 언어는 규약과 관습의 문제이며 신호, 문법, 사투리, 관용구뿐만 아니라 기묘한 실천이며 표현의 형식이다.

엔지니어의 대상세계 언어는 그 세계 안에서 이루어지는 추측, 분석과 테스트와 디자인의 바탕으로서 기여하는 특정한 과학 패러다임에 기초하고 있다. 나는 응력과 변형률, 변위, 강성, 하중경로를 말하는 구조공학자의 세계를 이미 언급하였다. 이런 용어들은 특별한 의미를 갖고 있다. 응력은 단위면적에 대한 힘 같은 물리적인 것이며 2차적인 대칭텐서 같은 수학적인 것이다. 그것은 예를 들어, 실패할 수 있지만 당신의 일반적인 지식으로는 다리의 보(beam), 자동차 샤시, 항공기의 날개의 크기를 잴 수 없을 것이라는 압력을 받을 때 당신이 느끼는 일반적인 언어 스트레스와 같다. 응력과 변형률, 변위는 변항이다. 그것들은 정량적이다. 그것들은 특정한 단위와 차원을 갖고 있으며 적절한 종류의 수학을 사용하는 모체(parent) 과학이론으로부터 도출된 관계를 갖게 된다.

나는 대상세계 언어가 **적절한 언어**(*proper language*)라고 생각한다. 전문적 말투이긴 하지만 내 생각에 그것은 프랑스어 "propre"라는 의미에서 적절(proper)하다. 이것은 깔끔하고 깨끗하고 정확한 언어이며 적어도 순수한 상태에서 솔직한 언어이다. 그것은 참여자의 자연언어

인 척 꾸미지만 대상언어 내의 이해와 의미있는 표현은 자신의 자연언
어의 유연성보다 원어민을 더 많이 요구한다. 적절한 언어는 기술적이
며 도구적이다. 그것은 진실한 과학자가 환영하는 것보다 더 많은 사물
세계로 장식된 과학언어형식을 갖고 있다. 그것은 공학학파 내에서 한
분야의 과제에서 뿐만 아니라 직업에서 학습되며 그 표준적인 형식은
핸드북, 표준, 교과서로 요약된다.

　적절한 언어는 매우 분석적이다. 우선 우리는 구조공학자의 세계 안
에서 응력과 변형률을 정의한다. 변형률은 응력처럼 2차적인 대칭텐서
이지만 물리적으로 연속체 안의 어느 정도에서 변형의 척도이다. 다음
으로, 뉴턴의 법칙에 따른 외부력과 내부력의 평형, 변위의 연속성을
주장한다. 마지막으로, 비행기의 퍼덕거리는 날개의 진동빈도, 자동차
샤시 부분의 시방서를 만족시켜주는 모형틀, 다리의 보(beam)의 응력
수준을 결정하고 정확한 명제를 원리적으로 유도해내는 물질의 탄성변
수 몇 개를 삽입한다. 내가 "매우"라는 말을 사용하는 이유는 각 개인
이 작업하는 경험과 전통적인 방식은 적용과정에서 전제, 가정, 발견
법, 근사값을 만들고 결정하는 많은 단계로 들어가기 때문이다. 그리고
이것은 조야하거나 세련된 수학모델을 형식화할 때 뿐만 아니라 테스
트 방법을 설정하고 기본형을 만들 때도 마찬가지이다. 길버트 라일[8]의
경우처럼, **방법에 대한 지식**은 대상세계 안에서 **사실에 대한 지식**만큼
중요하다. 더구나 지배적인 사고방식은 분석적이다. 이것은 사람들이
수학적 관계를 조정할 때, 컴퓨터 분석을 위해 코드로 프로그래밍할
때, 가장 명확하게 드러나는 사실이며, 닫힌 기호영역과 이념영역 안에

8　Ryle, G. "Knowing How and Knowing That", *Proceedings of the Aristotelian Society*, vol. X L VI, 1946.

서 환원과 분석 업무이다.

다른 대상세계의 언어는 다양하며 그들의 적절한 언어는 다양하다. 구조공학자와 떨어진 다른 세계에서 전기공학자는 응력과 변형률이 아니라 힘과 전력, 전기, 아날로그, 디지털, 저항과 전기량을 말한다. 수학은 유사하게 보일 수 있다. 일부의 경우 적용되는 엄격한 유추가 있다. 그러나 전기공학의 세계는 다양하며 다양한 변항과 시간스케일, 단위, 과학법칙과 작동원리들을 갖고 있다. 그러므로 코드화되고 무언의 노하우처럼 다양한 종류의 발견법, 메타포, 규범과 지식들이 있다.

대상세계 안의 참여자들은 엘리트로서 역할을 수행한다. 그러나 그 경우는 철학자 힐러리 퍼트넘[9]이 말하는 것과 다르다. 대상세계는 디자인 작업을 다르지만 독립적이지 않은 종류의 노력으로 나눈다. 그러므로 우리는 "언어노동의 분업"이 있다고 말할 수 있다. 하지만 디자인의 대상에 대해 신의 관점을 갖고 있으며 충분한 의미를 알고 있는 **엘리트** 그룹이 있고, 디자인 작업을 덜 세련되게 일반적으로 이해하는 다른 그룹이 있다. 다양한 대상세계 안에서 다양한 능력과 책임과 관심을 가진 다양한 참여자들이 다양한 언어를 말하는 것은 이런 의미이다. 거칠게 말해 우리가 구조를 말한다면 다른 사람은 전자를 말하며 다른 사람은 생산과정을 말하고 다른 사람은 마케팅을 말한다.

대상세계 언어의 요소들은 단어보다 더 많으며 특정한 과학 패러다임이 표현하는 적절한 언어의 상징과 토큰(token)보다 더 많다. 나는 전문화된 도구, 원형적 형태의 하드웨어, 상태와 과정을 대상세계의 요소로서 그래픽으로 표현하는 방법을 이미 지적했다. 이 모든 것들은 그

---

9 Putnam, H. "'The meaning of 'Meaning'", in *Mind, Language and Reality*, Cambridge, 1975.

것들이 바로 기능하는 방법이기 때문에 언어적 요소로 간주될 수 있다.

스케치나 더 형식적인 그림은 디자인 언어의 부분이다. 전자회로에 대해 말하자면 스케치는 단어나 명제처럼 맥락과 의도에 따라 다중적 의미를 가질 수 있다. 스케치의 요소들은 사전에서 가져올 수 있으며 만일 하나의 명제가 저자가 의도한 의미를 갖고 있다면 스케치 안에는 지켜야 하는 규제규칙과 구성규칙이 있다. 그러나 의미는 이런 규칙과 아이콘의 특징만으로 결코 연구되지 않는다. 스케치는 포함하는 것만큼 남겨놓는 것도 있는데, 대상의 기능뿐만 아니라 구성개념을 전달하며 본질적인 것과 무시되는 것을 나타낸다.

언어적으로 해석될 수 있는 디자인에서 구성되는 다른 종류의 인공물이 있다. 예를 들어, 풍동(wind tunnel) 테스트에서 사용하려고 제작된 자동차 모델을 생각해보자. 이런 종류의 물리적 모델은 자동차 기능 수행을 분석한 부분인 것만큼 공기역학의 적절한 언어로 이루어지는 수학적/기호학적 표현일 수 있다. 그 의미는 수학적 표현에 의해 많은 부분 결정되지만 실제로 풍동에 놓여져서 테스트될 때까지 충분하게 이용되지 않고 밝혀지지 않는다. 충분히 바람에 불려 절단난 대상, 말하자면 몸체만 드러난 자동차의 자세한 상태를 확인하는 의미는 직접적이다. 테스트의 정량적인 결과를 크고 유명한 자동차로 매핑하고 있는 것이다. 그러나 자세한 상태는 자동차의 속성 — 예를 들어, 그 형식적 모양, 부속들 크기의 한계 등만을 말하고 있기 때문에 나는 이런 대화로부터 나오는 자세한 상태는 이해할 수 없다는 것을 강조한다. 왜냐하면 공기역학자들의 차원은 구조공학자들의 차원보다 다른 유형이기 때문이다. 그 모델은 문제의 대상을 단순히 기하학적으로 축소한 형태가 아니다. 자동차의 움직임을 가능하게 하는 공기의 점성과 밀도, 예측된 공기흐름의 속도 같은 물리적 매개변수는 기하학적 기준에 따라 축소된다. 풍동 모델은 멋있는 것처럼 보이지만 자세하게 조사해보면 그것이 뒤틀린 부분이 드러난다. 우리는 그것이 영국사람처럼 보이지만 그렇지 않다거나 또는 공기역학자는 특별한 방식으로 특정한 차원에서 디자인의 대상을 바라본다고 말할 수 있다.[10]

전자공학의 디자인에 대해 책임있는 참여자의 대상세계 안에서 전개되는 전자회로 부분을 가리키는 아이콘은 물리적 부분 자체와는 다른 것으로 더 쉽게 인지된다. 그러나 보통 사람들이 파동치는 선을 저항기로 인식할 수 있는 반면 그것이 사용되는 의미는 스케치 안에 표현된 회로의 부분이 될 때 알려질 뿐이다. 오직 그때만이 우리는 5%의 저항으로 충분하며, 어떤 파워등급을 매겨야 하는지에 대해 생각할 수 있으며, 그것이 올바른 RC 시정수(time constant)를 제공하는가, 그것은 세트로 묶을 수 있는가, 그 단가는 합리적인가 라는 문제에 대해 대답할 수 있다. 대상세계의 토큰은 무엇을 지시하고 가리키지만 그 충분한 의미는 대상세계 이야기의 맥락 안에서 구성되고 밝혀질 뿐이다.

한 세계에 속한 사람이 다른 사람의 세계언어와 조금도 친숙하지 않은 것은 아니다. 이런 세계의 어느 분야 실천가는 다른 분야의 내용을 자신들의 교육과정의 부분으로서 연구할 수도 있다. 그러나 학교에서 언어를 연구하는 것과 외국에서 살아가고 관리하는 것은 다르다. 물질적이고 개념적 맥락 안에서 방법과 도구, 코드와 규칙, 실천의 연결망의 차이는 중요하다.

이런 언어요소들이 서술되는 방식에서 보면 그것들이 정적인 의미 — 나는 이 말을 고정된 최종제품의 다양한 측면, 상태, **구조**, 성질을

---

10   Wittgenstein, L., *Philosophical Investigations*, Prentice Hall, Englewood Cliffs, NJ, 1958.

의미하는 것으로 사용한다 — 에서 대상을 가리키는 것이 아니라 디자
인 목적의 기능 즉 그것이 어떻게 작용하며 언제 작용하지 않는지 그리
고 (또는) 그 제품을 개발하고 생산하기 위해 어떤 과정이 요구되는지
를 기술하고 설명하려는 의도라는 것은 분명하다. 그것들은 디자인의
반사실적 성격을 물질적 형식, 그림, 모델, 원형으로 파악하려는 시도
로 간주될 수 있다. 그것을 에둘러 말하거나 그것 이외의 것을 말한다
면 다음의 형식이 될 것이다. "만일 우리가 날개의 형태를 이런 식으로
변경한다면 항력은 이 비율로 줄 것이다.", "만일 우리가 5% 저항에 동
의한다면 우리의 단가는 0.5% 감소할 것이다." 다중목적의 협력 최적
화에 대한 전산적 알고리즘도 책상 위에 놓여져서 국지적이고 분과적
인 노력에 대해 책임있는 사람들이 만족할 수 있도록 경쟁하고 재생산
했을 때 사회적 선택과 교환을 편리하게 해주는 인공물일 수 있다.

　이런 각양각색의 인공물의 구성과 사용은 엔지니어들의 디자인과정
중에 협상을 가능하게 해준다. 사물들 자체는 순간적이다. 즉 형태, 디
자인과정, 소모열과 에너지의 주고받음, 의사결정과 반복, 협상과 거래
에서 변화한다. 사물들은 형태가 있고, 전문적이고 개혁적이고 확장적
이고 새로운 생각을 자극하며 추측을 확증하며, 살아있는 언어의 활동
적 요소이다. 나는 설(Searle)의 말을 인용하고자 한다.[11]

　"언어적 의사소통의 단위는, 일반적으로 생각하는 것처럼, 상징, 단어, 문장
　이 아니라 상징, 단어, 문장의 **산물**이거나 결과이다."

11　Searle, J., *Speech Acts: An Essay in the Philosophy of Language*, Cambridge
University Press, Cambridge, UK, 1969, p. 16.

대상세계 연결하기

디자인과정의 "바벨탑" 관점이 주어지면, 우리는 그것이 어떻게 성공하는가에 대해 의문을 제기할 수 있다(우리는 그것이 항상 그렇지는 않다는 것에 주목한다). 그런데 다양한 대상세계 참여자들의 제안과 선호와 주장과 조건을 결합하여 통일시키는 방법이 있다. 우리는 이미 두 개의 처방을 보여주었다. 그러나 내가 말한 불일치를 어떻게 해결할 것인가?

디자인하는 노력이 아무리 복잡하더라도 그것을 조직화하는 과정이 추천작업으로 간주되는 한 가지 방법은 우선 앉아서 그 일을 독립적으로 수행할 수 있는 일련의 하위작업으로 나누는 것이다. 보통 이것은 디자인의 목적을 수행하는 다양한 기능들에 의해 이루어질 것이다. 이런 하위조직과 하위작업들이 정의되고 그것들 주변에 선이 그어지면 연결조건들이 구성되며 두 개의 다른 영역에서 작업하는 개인들에 의해 지지된다. 만일 그렇게 독립적으로 추구되는 일들이 확립될 수 있다면 디자인을 합치는 마지막 단계를 제외하고 참여자들이 서로 만나는 기회는 거의 없을 것이다.

나는 일반적으로 이것이 불가능하다고 생각한다. 우리가 이런 방식으로 할 수 있는 만큼 멀리 가지 말아야 한다는 것이 아니라 어떤 성질을 분석하는 것과 디자인 변항을 설정하는 것은 다양한 대상세계의 참여자들에게 흥미로울 수 있기 때문에 접속요구사항을 정의하는 것은 실재적인 도전이다. 실제로 당신은 그 경계선을 어느 곳에 그을 것인가? 그리고 이런 경계선은 어떻게 인식되어야 하는가? 기능에 의해서 아니면 형태에 의해서?

일부 디자인 작업에서 서로 다른 대상세계 중에 상호작용의 강도는 미세할 수 있다. 예를 들어, 작년 모델을 새롭게 디자인한 제품에 대해 작년의 기구는 도움이 될 것이며 대상세계의 언어차이는 덜 중요하다. 상호작용을 위해 테스트된 패턴은 존재하며 상호작용의 틀을 제공한다. 그러나 참으로 혁신적인 프로젝트, 예를 들어, 개시한 첫 번째 제품에 대해 불확실성은 많으며 경계선을 설정하는 곳과 일을 분할하는 방법은 문제가 된다. 이 경우, 우리는 다양한 세계 안에서 작업하는 참여자들 중에 요구되며, 이제는 하위작업을 중심으로 조직화되는 모든 상호작용을 예측할 수 없다. 이 경우 우리는 접속요구사항들 자체는 디자인이 진행되면서 재설계하고 협상해야 한다는 것을 인지하고 있다.

그렇다고 하더라도, 우리는 참여자들의 차이를 화해시키는 매우 합리적이고 도구적인 방법 즉, 우리의 이익을 위해 사용할 중요한 대상세계에 적절한 언어를 찾을 수 있을 것이다. 우리는 이것을 어떻게 얻을 수 있는가에 대해 한 가지 사례를 이미 살펴보았다. 태피터와 르노 (Tappeta and Renaud)의 다중목적 협력 최적화 계획은 (나는 "참여자"라고 말하고 싶지만) 다양한 분야의 요구를 단지 화해시키고 조화시키는 것이 아니라 그들의 충돌하는 선호의 최선의 해결책을 얻는 것이다.

이것이 어떻게 얻어지는지를 생각해보자. 각각의 분야는 자체의 디자인 목적을 갖고 있으며 목적의 일부는 공유된다. 여기서 f_i는 디자인 변수의 부분집합 함수이다. 최적의 방식으로 이것을 화해시키려면 글로벌 목적 즉, "시스템 목적 함수"는 다음과 같이 정의된다.

$$F(x^0) = \sum_{i=1}^{n} w_i \cdot f_i$$

여기에서 w_i는 어떤 수이며 "가중치"는 다양한 n 분야의 요구에 대

한 상대적 의미를 표현한다.[12]

> 이런 디자인의 목적은 종종 충돌하며 상대적 중요성의 평가는 다중목적의 형식화를 위해 필요하다.... 이 논문에서 각 분야의 디자인 목적의 상대적 중요성은 w_i를 할당함으로써 **아프리오리하게** 확립된다고 가정한다. 이렇게 가중치를 부여하는 방법은 다중목적의 함수를 단일 시스템 수준의 목적함수로 변화시킨다. (강조는 필자)

그런데 이런 가중치를 어디에서 가져오는가? 그리고 그들은 왜 **아프리오리**라는 표현을 사용하는가? 이 라틴어는 단지 철학자들에게만이 아니라 나머지 우리들 대부분에게도 특별한 의미를 갖고 있다. 그들은 왜 "이전에 확립되었다"라고 말하지 않는가? 그러나 그런 경우 누가 부여하는가? 신? 프로젝트 매니저? 손님, 의뢰인 또는 사용자? 이렇게 수동적인 표현을 사용하는 것은 우리에게 그리 중요하지 않다.

그 주장을 하는 다른 방법은 대상세계의 다양하고 적절한 언어를 직접 번역하는 것은 가능하지 않다고 말하는 것이다. 다양한 참여자들의 명제와 요구를 비교하려면 더욱 일반적이거나 통속적인 언어사용이 요구된다. 이제 여기에서 우리가 언어의 요소라고 특징지은 인공물은 지속적으로 다음과 같이 기능한다. 자신들의 사적 대화에서 개인들이 만드는 스케치는 그 사람의 설명과 제안에 대한 자연스런 구조로서 기여하면서 모든 사람이 볼 수 있도록 힘들게 끌려나올 것이다. 그것들은 이전에 상세하고 정확한 지식을 암시한 반면 지금은 새롭게 발견된 애매성 때문에 가끔은 흥분되고 가끔은 창의적으로 생각하고 의사결정의

---

12 Tappeta R. V., and Renau, J. E., 앞의 책, p. 404.

무대를 제공한다.

직접 번역이 가능하지 않다고 주장하는 것은 대상세계가 공약불가능하다고 주장하는 것과 유사하다. 만일 우리가 그런 부분의 실체에 대해 잘 훈련되고 좁은 견해를 취한다면 즉 만일 우리가 특정한 수학이론과 추상모델에 관심을 제한한다면, 그것들이 표현되는 변항, 특별한 방법과 도구주의, 특정한 인공물을 테스트하기 위한 코드화된 프로토콜에 관심을 제한한다면 그것은 정확하다. 외팔보의 밑에 있는 응력은 광전지 모듈의 개방전압과 다른 세계이다. 그러나 만일 우리가 교섭과 협력의 싸움을 넘어서서 넓은 관점을 가진다면 우리는 공통의 기반, 그 세계는 어떻게 작용하며 세계가 어떻게 돌아가는지, 당신의 세계나 나의 세계는 어떠한지에 대해 공유된 믿음체계를 발견하게 된다.

추상성 자체에는 상호간의 믿음이 있다. 광전지의 전자적 행동의 모델은 외팔보(들보의 한쪽은 고정단으로 지지되고 다른 한쪽은 자유단인 들보) 안의 응력분산 모델과 다른 세계인 반면, 전자공학자와 구조공학자들은 참으로 본질적인 것을 적절하게 묘사하는 각각의 추상성의 효과를 믿는다. 각각의 영역 내에서 사물들이 작용하는 방식을 표현하는 공통기반이 있다. 우리가 부분적으로 다른 방정식, 다른 불(Boole) 논리를 많이 사용하더라도, 두 가지는 수학적, 기호적 표현에 매우 의존해 있다. 그리고 그들의 스케치와 그림이 다른 형식인 반면, 디자인상의 유사한 단계에 있는 건축의 결과물과 비교하면, 그들의 선은 정확할 것이며 그들의 원과 상자는 닫혀있으며, 그들의 주석은 신비스럽지만 분명하다.

두 가지는 결과를 낳는 원인에 대해 동일한 믿음을 공유한다. 상황 A 가 주어지면 사건 B가 이어서 발생할 것이다. 그러나 더 구체적으로 두 가지는 A의 관련요소와 B의 관련요소를 계량화하고 측정할 수 있다고 주장한다. 만일 모듈의 태양유동성[13]이 1 제곱 미터당 1 kw이고 주변온도가 20°C라면 모듈로부터 사용가능한 최고 힘은 60w일 것이다. 만일 외팔보 끝의 무게가 100파운드이고 보 자체의 무게가 20파운드라면 보지붕의 최고 응력은 1제곱 인치 당 4000파운드일 것이다.

둘은 각자 세계의 개념, 원리와 목적에 일치하여 구성된 하드웨어와 시제품을 테스트하여 얻은 제안과 주장에 대해 다른 검증을 요구할 수 있다. 각각은 **다른 조건이 동일하다면** 규정을 명시적이든 암시적이든 받아들일 것이다. 왜냐하면 이것들은 다양하고 독립적인 대상세계의 개념 구조의 일부분이기 때문이다.

둘은 그 결과물과 지식과 기능에 대해 매우 도구주의적인 견해를 갖고 있다. 단순성은 가치가 있다. 제어하는 것도 가치있다. 두 가지는 함께 작용하는데, 기술적 완벽, 예를 들어, 최적화는 대상세계 안에서 가능하다. 색깔은 일반적으로 무관하다. 미학은 두번째이다. 비용도 물론 다뤄져야 하지만 존중받지 못한다. 그러므로 지나친 코드와 규정, 마케팅 지시, 변호사의 경고, CEO의 선언도 디자인의 모든 요소이지만 대상세계 내에서의 생명은 그것들 없이도 유지될 수 있으며 실제로 그것들 없이도 더 적절하게 유지될 수 있다.

더 간단하게 말하면, 엔지니어링 디자인과 디자인 엔지니어링을 바라보는 나의 방법이 있다. 다양한 책임, 능력, 관심을 가진 다양한 참여자들은 대체로 각각의 분야에서 일할 때 다양한 언어를 사용한다. 이것을 진심으로 들으려면, 우리는 언어를 ─ 스케치, 프로토타입, 차트, 참여자들 사이에 생산적인 거래에 사용되는 요소로서 컴퓨터 알고리즘도

---

13   태양유동성(Solar Flux)은 캐나다 온타리오주의 오타와 지역에서 전파망원경을 사용하여 태양으로부터 방사되는 2800MHz의 주파수의 전자파를 측정한 값입니다. _옮긴이주

포함하는 — 넓은 용어로 해석해야 한다. 그러나 일부의 분야 안에서 이루어지는 개별적인 노력으로는 충분하지 않다. 디자인은 사회과정이다. 디자인은 대상세계 안에서 열정적인 노동뿐만 아니라 거래와 협상을 필요로 한다.

3장

엔지니어가 알지 못하지만
그것을 믿는 이유

엔지니어가 무엇을 **모를** 수 있다거나 모른다는 것은 일반적인 사실로 받아들일 수 있지만 일부 사람들에게 주는 인상은 다를 수 있다. 추정하는 것이지만 나 또는 다른 누구든 엔지니어가 그 문제에 대해 모르는 것이 무엇인지를 서술할 수 있다. 많은 문제가 있겠지만, 나는 이 에세이가 엔지니어들에게 의미있기를 바라고 있기 때문에, 엔지니어가 **모르는** 것들, 예를 들어, 저글링하는 방법, 1986년 월드컵에서 우승한 네덜란드 국가를 축하하는 인사말 등이 많이 있으며 엔지니어가 알아야 **하거나** 엔지니어가 **알았더라면** 더 좋았을 것들이 많이 있다. 우리의 관심은 매일매일의 실존과 직업적 실천과 관련있는 것이 무엇인지에 대해 그들이 모른다는 점이다

이 장의 제목은 대체로 독자들에게 약간 혼란을 줄 수 있다. 나는 수식어를 더해서 정확하게 다음과 같이 표현할 수 있다. 즉 "엔지니어는 **확신을 가지고** 알지는 못하**지만** 그것이 참이라고 믿는 이유". 그러나 이것은 그 주장을 너무 약화시킨다. 그것은 "알지 못하는(not knowing)"의 중요한 경우, 예를 들어, "그것(it)"이 모르는, 생각하지 않은,

말하지 않은, 보지 못한, 듣지 못한, 느끼지 못한, 상상하지 못한 것이
될 수 있는 가능성을 배제한다. 나는 이 가능성을 배제하길 원하지 않
는다. 그래서 나는 제목을 수정하지 않을 것이다.[1]

지식은 신념을 전제한다. 신념은 신뢰에 의존한다. 신뢰는 사회적 문
제이다. 신뢰는 엔지니어가 역할을 담당해야 하는 다양한 맥락에 스며
들어서 신념과 사람을 함께 묶는다. 디자인이라는 일 자체에도 다양한
대상세계의 참여자들 사이의 신뢰가 있다. 대상세계 안에서 우리는 기
술적 패러다임을 정의하는 명령과 발견법의 본래 상태를 신뢰한다. 보
조 기반시설의 맥락 안에서 엔지니어들은 상품제조업자와 하청업자,
부품회사의 주장과 약속에 의존한다. 그리고 사용자와 소비자들은 상
상하고 구체적으로 말하는 대로 행위하고 반응하는 것으로 기대된다.

신뢰라는 말을 엔지니어링 작업의 본질적인 부분으로 도입하는 것은
엔지니어를 과학적인 작업뿐만 아니라 사회적 작업을 하는 사람으로
간주하는 한 단면이다. 이런 탐구의 도전은 도구적 과정뿐만 아니라 사
회적 과정으로 간주되는 공학적 사고와 실천을 철학적 탐구와 분석의
주제로 생각하여 상호 관련짓는 것이다. 사회연구와 철학이라는 두 개
의 관점을 즐기면서 엔지니어가 알고 있는 것, 믿는 것, 하는 것, 더 잘
할 수 있는 방법에 대해 우리가 더 잘 이해할 수 있다고 주장하면서 나
는 두 세계에 발을 걸쳐놓고 싶다.

우리는 모든 디자인 맥락에 불확실성이 있다는 것을 주목하면서 시
작한다. 도구적 평가를 위해 확률적 표현을 대상세계 안으로 가져온다
면 불확실성 중에 일부는 명확하게 확인될 수 있을 것이다. 그러나 우

---

1   만일 우리가 지식은 **정당화된 참인 믿음**이라는 것을 받아들이면 어떤 경우 — 그리
고 중요한 경우 — 엔지니어의 믿음은 참이 아니라고 주장하고 있는 것이다. 어떤 방법
으로 정당화되더라도, 그들은 지식으로 간주하지 않는다.

리가 믿는 것이 참이라고 증명되지 않을 가능성은 남아있다. 어떤 맥락이든 엔지니어가 알지 못하지만 관련된 것들이 있지만 엔지니어들은 그것들이 관리된다는 것을 믿으며 신뢰한다.

어떤 현상이 잘못**될 수 있다**면 실제로 잘못**된다**는 '머피의 법칙'에 표현된 단순한 관찰은 엔지니어들이 제품의 본래 상태에 대해 많이 알지 못한다는 추측을 하게 만든다. 제품, 과정, 시스템은 실패한다. 이 장에서 나는 기술적 실수의 성격을 탐구하고 기술과정 중에 엔지니어들과 다른 참여자들이 불량품에 어떻게 대처하며 수정하는지를 탐구하고 싶다. 나는 이런 종류의 공학적 작업을 더 잘 이해하는 한편 그런 작업을 향상시키기 위해 무엇이 변화되어야 하는가. 다른 한편 반드시 문제로 남아있는 것이 무엇인가를 밝히는 과정에서 철학의 적절한 역할이 있는지 여부에 대해 관심이 있다.

기술적 실수의 본성

무엇 때문에 잘못된 행동, 실수가 발생하는가? 일부는 분명하다. 하야트 리젠시 통로는 도로 아래에서 붕괴되었는데 그것은 생명과 팔다리의 손상을 가져오도록 설계되었다. 타코마 협교는 바람에 강하게 흔들리다가 무너졌지만 다른 사고, 아마 대부분 다른 사고는 실수로 확인되고 그 원인을 밝혀내기는 쉽지 않다. 예를 들어, 컴퓨터 칩으로 만들어진 실리콘 웨이퍼 생산의 경우, 산업 과정에서 얻어지는 "이익"은 기대하는 **일부**의 주장만큼 높지 않다. 다른 사람들은 생산증진비용이 정당하지 않을 정도로 그 이익이 너무 좋다고 주장한다. 그러므로 "실패", "오작동"은 정도의 문제일 수 있다. 나의 모니터 위에 작동하는 주원도

우(main window)로 돌아갔을 때 특정한 작동체계 안에서 작동하는 응용소프트웨어는 대화상자를 감춘다. 그것은 "오류"인가 "특징"인가?

잘못된 행동이 의미있는 것으로 보이거나 의미있는 것으로 정의되느냐 여부는 질문하는 사람에게 의존한다. 기능오작동은 일련의 성능사양, 디자인 참여자의 기대, 사용자의 예측에 따라 서술되고 정의될 수 있다. 이것들은 다양하고 다소 독립적인 관계항들이다. 제품이나 시스템은 사양을 만족시키지 못할 수 있지만 소비자를 만족시킬 수 있다. 대신 한 제품은 모든 사양을 만족시킬 수 있지만 디자인 참여자를 만족시키지 못할 수 있으며 모든 또는 다른 사용자를 만족시키거나 만족시키지 못할 수 있다. 그리고 물론 제품은 사양을 만족시킬 수 있으며 디자이너의 예측은 시장에서 실패할 수 있다.[2]

실수는 제품의 질, 말하자면 동전의 다른 면과 관련이 있다. 그리고 질을 정의하기 어려운 (좋거나 또는 누구에게) 만큼 무엇이 실수로 간주되느냐는 문제는 전적으로 객관적인 문제가 아니다. 이 에세이의 목적을 위해서 **나는 기술적 제품의 실수를 디자인, 제작, 작동, 그리고/또는 유지에 책임있는 사람들을 위해 교정적인 행동을 야기하거나 야기할 수 있는 사건으로 간주할 것이다.**

이런 의미에서 실수는 사회적 구성이다. 즉 사건을 실수라고 생각할 수 있느냐 여부는 그 사건과 관계된 사람들의 믿음, 판단, 주장 — 제품

---

2 두 종류의 기술적 생산물 구별하는 것은 유용하다. 즉, **시장 또는 소비자** 제품 또는 시스템 — 크게 세상에 방출된 것 — 은 하나의 형태이며, **전속의** 제품이나 시스템 — 그 사용은 디자인에 책임있는 사람들의 관리하에 있다 — 예를 들어 산업적 과정 — 은 두번째 형태이다. 오작동을 설명하는 시도에서 통제된 실험의 본질과 가능성은 두 가지에서 의미있게 다르다. 기술적 생산품의 세번째 형태는 확인될 수 있다 — "독특한" 다양성을 가진 중요한 건설 프로젝트. 일단 위치에서 세번째 형태 실수의 원인을 찾는 과정에서 조건을 변화시키는 자유는 처음 두 가지 형태와 관련해서 매우 제한적이다.

이나 시스템의 디자인, 제작, 작동, 유지에 책임있고 물론 관련있는 사람들이 심각하게 제시하는 주장 — 에 의존한다. 실수 과정에 참여한 사람들은 많고 다양하며 각각은 제품의 본성과 그 기능과 사용에 대한 다양한 시각을 갖고 있다. 디자인과정에서 다양한 개인들은 기술적 능력, 책임, 이해에 따라 동일한 디자인 대상을 다르게 본다. 마찬가지로, 실수의 과정과 분석의 경우에도 다양하게 관련된 당사자들은 실수와 그 요인들을 다양하게 볼 수 있을 것이다. 실수를 정의하는 것도 사회 과정이다.[3]

실수 진단하기

일단 오작동이 정의되면 그 원인에 대한 탐구가 시작된다. 원인을 찾으면서 우리가 문제를 확정하는 시도를 하게 되면 그 실수는 다시 발생하지 않는다. 기술적 실수를 진단하는 것은 질병의 징후에 직면할 때 오작동의 근원과 이유를 밝히기 위해 그 현상을 넘어서려는 노력과 크게 다르지 않다. 이것 때문에 의학에서나 공학에서나 어떤 전략이 있다.

잘못되었을 때, 당신의 제품이나 시스템이 오작동하고 당신을 놀라게 할 때 무질서한 것이 있다는 점을 더욱 애매하게 제시할 때 첫 번째 해야 할 일은 실수를 복제하고 그 조건을 확립하려고 시도하는 것이다.

---

3 이것 또한 종종 법적과정이다. 이것은 내가 들어가기에 머뭇거리게 되는 전혀 다른 세계이다. 분명히 변호사들이 법정에서 주장하는 것, 전문가 증인들이 말해야 하는 것, 배심원들이 결정하는 것이 참인 반면, 이 모든 것은 사회적 과정의 본질적 부분이다. 그러나 원인의 법정 정의를 결정적인 것으로 간주하는 것은 잘못이다.

우리가 그 시스템을 설정할 때 문제의 행동이 다시 일어난다.[4] 이런 식으로 우리는 어떤 조건과 설정하에서 실수가 발생하는 것을 진술하며 문제를 충분히 서술할 수 있다.

만일 우리가 오작동을 복제하는데 성공하고 그것을 어느 정도 일관성 있게 진행했다면 다음 단계는 조건을 약간 변화시키고 그 결과를 관찰하는 것이다. 우리는 조건의 적절한 — 제품의 상태를 의미있게 변화시킨다는 점에서 적절한 — 차이를 만들려고 하는데 그 경우 이 변화가 그 실수를 제거하는가 또는 제거하지 않는지를 주목하라. 우리의 전통적인 전략은 실수의 원인이 확인될 때, 즉 시스템이 수정되고 이제 원래대로 진행될 때까지 이런 방식의 과정을 한 시점의 한 조건을 제외하고 변화시킬 것을 추천한다.

이 과정에서 우리는 보통 작업하는 제품보다 더 많은 것을 갖고 있다. 인공물이 어떻게 디자인되었는가에 대한 지식에 의존해서 — 즉 과학적 개념, 원리와 도구적 방법에 일치해서 — 우리는 인공물 작동의 수학적 표현이나 물리적 축소모형(scale model)을 구성해서 그것을 테스트할 수 있다. 사실상, 우선 디자인과정에서 그것들이 본질적이었기 때문에, 우리는 대부분 이용가능한 대안들을 이미 갖고 있다.

때때로 모델은 대안적 시나리오를 테스트하는 실행가능한 유일한 방법일 수 있다. 실제 인공물은 이런저런 이유 때문에 접근가능하지 않을 수 있다. 왜냐하면 갖고 있는 모델과 함께, 우리는 입력과/또는 매개변수 설정을 변경하고 그 결과가 잘못된 움직임의 원인을 찾고 있는 것을, 그것이 실제 제품인 것처럼 우리가 관찰하듯이, 관찰할 수 있기 때

---

4 디버그 과정의 훌륭한 보고서는 다음 책에서 발견될 것이다. Kidder, J.T. *The Soul of a New Machine*, New York: Avon, 1981.

문이다.

이것은 화성탐사선의 태양전지판이 펼쳐지지 못했을 때 나사(NA-SA)의 엔지니어가 직면한 도전이었다.[5] 1996년 발사된 화성탐사선은 지구에서 화성으로 여행해서 순환궤도에 진입한 후 지구의 지질학적 특성에 대한 자료를 수집하도록 설계되었다. 별쇄 보고처럼 두 개의 태양전지판 중의 하나는 발사 직후 활짝 펼쳐지지 못한 게 분명하다. 발표된 뉴스에 표현된 주요 관심은 미션의 목적을 수행하지 못한 결과이었다. 그때에 엔지니어들은 휜 전지판이 우주선의 움직임을 크게 해치지는 않을 것이라고 결론내렸다(아마 이것은 그 실수가 실수로 간주되지 않고 "그 상황"으로 간주되는 이유이다). 이 결론은 컴퓨터 모의 모델과 엔니지어 테스트를 사용하여 얻었다 — 후자는 태양전지판을 펼치고 조절하도록 설계된 이중의 하드웨어 구성물의 테스트를 가리킨다 — 왜냐하면 실패한 인공물은 이용할 수 없기 때문이다.

이용가능한 것은 우주선으로부터 보내진 데이터의 흐름이었다. 즉 "첫 번째 궤도 훈련 중 이주일 동안의 우주선 원격측정과 화성탐사선의 완벽한 움직임". 우주선이 의도된 최종 지점에 진입했을 때 지상통제에 신호를 보내는 장치가 되어있다면 전지판이 충분히 펼쳐지지 않았다는 것은 분명해졌다. 전지판이 20도 정도 빗나갔다는 것은 태양전지판 배열의 전자적 결과로부터 전반적으로 추론될 수 있었다. 완벽한 움직임이 진단과 어떤 관계가 있는지는 분명하지 않지만 그 구절은 그들이 "본" 것에 너무 많은 것을 부여하도록 만드는 경향이 있다. 왜냐하면 그것이 전지판이 충분히 펼쳐지지 못한 이유에 대한 설명의 근거

---

5   Public Information Office, Jet Propulsion Lab, California Institute of Technology, NASA, Pasadena, Calif. 91109. http://www.jpl.nasa.gov/release/96/mso-larpn.html(2002년 10월 25일 접속됨)

를 제공하는 원격 데이터를 갖고 있었지만 사진그래프와 비디오와 필름 이미지를 갖고 있지 않은 엔지니어링 테스트와 지상에 설치된 컴퓨터 모델이었기 때문이다. 어쨌든 그들이 우주선을 볼 수 없을지라도, 전지판이 충분히 펼쳐지지 않았다고 믿을만한 충분한 이유를 갖고 있었다. 댐퍼암의 파괴원인은 설명되지도 추측되지도 않았다.

1996년 11월 27일 즉각 언론보도용

화성탐사선의 태양전지판은 임무수행을 방해하지 않을 것이다.

우주선이 우주 여행을 하는 첫날 충분히 펼쳐지지 않은 나사의 화성탐사선의 태양전지를 연구하는 미션 엔지니어는 그 상황 때문에 탐사선이 공기를 제어해서 궤도를 찾아가는 능력이 손상되지 않을 것이며, 탐사선의 능력과 임무 수행 중 과학 부분 비중이 크게 영향받지 않을 것이라고 결론내렸다.

분석 중인 태양전지판은 화성탐사선의 동력을 공급하려고 11월 7일 발사선이 사용된 직후 접혀지지 않은 두 개의 3.5 미터(11피트) 날개 중 하나이다. 최근 소위 Y 배열은 충분히 펼쳐지고 걸어 잠근 위치에서 떨어져 20.5도 기울었다.

나사 제트 추진 연구소의 화성 탐사선 프로젝트 매니저인 글렌 커닝엄은 다음과 같이 말했다. "다양한 컴퓨터 모의 모델과 엔지니어링 테스트를 사용해서 우리의 산업파트너인 록히드 마틴 항공과 광범위한 조사 이후 우리는 기울어진 배열이 그 임무 수행에 크게 위협이 되지 않는다고 믿었다.", "그 배열을 부드럽게 조정하여 우주선이 착륙할 수 있도록 하기 위해 우주선의 전자 지향적인 태양전지 위치잡이 장치를 사용하여 다음 2주 동안 약간의 활동을 수행할 계획이다. 만일 우리가 그 배열을 충분히 전개할 수 없더라도, 그 전지판이 문제를 일으키지 않도록 공기 제동하는 동안 그 배열의 방향을 정할 수 있다."

태양배열의 위치제어에 대한 진단은 첫 번째 궤도 조정 중 2주일간의 우주선 원격측정과 탐사선의 완벽한 움직임으로부터 나왔다고 11월 21일 결론지었다. 43초 동안의 분사는 예상한 대로 초당 27 미터의 우주선 속도의 변화를 가져왔다. 우주선은 델타 세 번째 단계 부스터가 지구와 충돌하는 궤도를 따라가지 않도록 근소한 각도로 발사되었기 때문에, 우주선은 화성을 향한 궤도로 더욱 직접적으로 분사되었다.

글렌 커닝엄은 다음과 같이 말했다. 원격측정 데이터와 지상에 설치된 컴퓨터 모델은 흔히 "댐퍼암(damper arm)"이라고 불리는 쇳조각이 전지판이 초기 회전하는 동안 아마 부러졌을 것이며, 견관절과 태양전지판의 모서리 사이에 있는 2인치 공간 속에 빠졌다는 것을 보여주는데, "댐퍼암"은 우주선에 붙어있는 전체 전지판의 이음새 부분에 있는 태양전지판의 전개 매커니즘의 부분이다.

콜로라도 덴버에 있는 록히드 마틴 항공과 제트추진연구소(JPL)의 엔지니어들은 태양전지를 부드럽게 움직여서 장애를 없애는 과정을 개발하려고 연구하고 있다. 댐퍼암은 전지판과 소위 "레이트 댐퍼" 장치를 연결시키는데, "레이트 댐퍼"는 스크린 도어에 있는 수력폐쇄기가 문이 닫히는 속도를 제한하기 위해 작용하는 것과 동일한 방식으로 작용한다. 탐사선의 경우, 레이트 댐퍼는 안전한 장소로부터 펼쳐짐에 따라 태양전지판의 운동을 느리게 하기 위해 사용된다.

추상적인 표현만을 사용해야 한다면 우리는 그 모델이 충분히 좋은지 예를 들어, 개념적으로 적절하며 완벽한지 그리고 충분히 정확한지에 대해 물어야 한다. 어떤 경우, 우리는 후자의 형식 구조를 변화시키지 않은 채 그 모델과 함께 잘못된 행동을 "반복"할 수 있다. 즉 우리는 입력조건이나 변수를 변화시키고 오작동을 되풀이한다. 다른 경우, 우리는 그 모델의 구조를 변화시켜야 한다는 것을 발견한다. 이 경우 우리는 인공물뿐만 아니라 모델의 잘못을 찾을 것이다(디자인은 모델과 일치하였다). 어느 경우든 우리는 행동하고 새로운 그림을 믿고 신뢰하며 해결책을 주장한다. 그러나 업데이트되더라도 그 모델은 실제 사물의 적절한 표상이라는 것을 어떻게 아는가? 우리는 적절한 디테일을 놓치고 있지 않는가? 거기에는 동일한 잘못을 야기하는 다른 조건이 있지 않는가?[6]

사실상, 화성탐사선이 화성주변의 외부에 들어가서 "대기마찰 브레이크"(대기권 비행시 공기의 마찰효과를 이용하는 감촉) 임무 — 우주선을 의도된 최종적 지구 순환궤도로 가져가려고 하는 전략 — 가 시작되었기 때문에 실수에 대한 나사 엔지니어의 그림은 다시 그려져야 했다. 빗장 채워지지 않은 판넬 위의 제동력 때문에 판넬은 빗장 채워진 위치를 통과하게 된다. 이것은 부러진 댐퍼암 이외에 다른 것이 실패의 "원인"으로 포함된다는 것을 의미한다(그 판넬에 빗장이 채워지지 않은 그 외의 이유는 무엇인가?). 이제 엔지니어들은 배치메커니즘과 우주선의 몸체가 만나는 인터페이스 위의 지지구조가 실패했다고 추론했다. 그렇다고 한다면 직접적인 결정은 화성 주변의 우주선 최종궤도를 변경하더라도 임무의 목적을 가능하게 하는 늦은 속도로 대기마찰을

---

6 에세이의 이 부분은 엔지니어의 사고 속에 모델과 인공물의 관계에 대한 문제를 제기한다. 어떤 의미에서 모델은 제품과 "일치"하는가? "실험실과 같은" 조건하의 제품은 "현장"의 제품과 일치하는가? 시스템의 "처럼(as if)" 그림으로 해석되는 모델은 더 참된 표현이라고 주장되는 모델과 어떻게 다른가?

수행하라는 전략을 포함했다.

　실제 인공물이 진단을 위해 사용할 수 있다고 하더라도, 위에서 언급된 전략은 빈틈을 갖고 있다. 첫 번째 단계 — 실수를 반복한다는 것을 생각해보라. 이것에 성공하더라도, 우리는 관찰된 오작동을 초래하는 일련의 조건들은 동일한 징후, **동일한** 실수를 야기하는 **유일한** 조건들이라고 주장할 정당성이나 확실한 근거를 갖고 있지 않다. 그 문제에 대해서 우리가 **동일한** 조건을 설정하는 다음 차례에 그 실패가 분명할 것이라고 주장할 정당성을 우리는 갖고 있지 않다. 왜냐하면 후자의 경우, 우리의 이해 범위 안에 있지 않고 목록 안의 다른 조건과 결합되어 기계가 원래대로 작동하도록 세계의 상태를 변화시키는 조건들이 있다면 우리는 그 결과에 대해 흔쾌히 놀라거나 실망할 것이기 때문이다. 우리는 "다른 조건이 동일하게 남아있다"라고 결코 확신할 수 없다.

　이 비판에 동의한다면 디자인은 모든 가능한 행위(즉 기능, 작용, 상태, 입력-출력반응)가 디자인과정 중에 충분히 결정되거나 예측되지 않는다는 의미에서 **미결정**(under-determined)이라고 주장하는 셈이다[7]. 미결정에는 적어도 세 가지 기원이 있다. 대상세계 내에서 부분적으로 자원, 예를 들어 시간이 부족하거나 사용의 맥락을 충분히 복제할 수 없어서 예측가능성에 한계가 있다. 다음으로 일부의 '입력'은 분석적 모드에서 파악하기에 어렵다. 예를 들어, 계량화하기에 어려운 변수는 그 범위가 불확실하다. 우리는 적대적인 또는 나쁜 의도를 가진 사용자의 가능성이나 지속의 정도를 어떻게 모델화하는가? 어떤 불확실성은 확률로 다뤄질 수 있는 반면 알려지지 않은 채 남아있는 다른 특징들도 여전히 있다.

---

7 여기서 '결정적'이라는 말은 대상세계 분석과 예측의 엄격함을 의미한다.

　미결정의 더욱 문제되는 기원은 다양한 대상세계의 참여자들이 디자인을 수행하는 과정 중에 있을 수 있는 예측불가능한 상호작용에 있다. 참여자들이 가능한 한 독립적으로 일할 수 있게 해주는 접점을 넘어서 모든 상호작용을 예측하는 것은 어렵다.

　모든 사용맥락의 의미있는 디테일은 예측될 수 없다. 분석적 정확함과 완전함은 대상세계 안에서 유지될 수 있지만 어떤 의미에서 전체의 움직임은 그 부분의 움직임에 의해 충분히 정의되지 않는다. 그것은 공학을 해볼만한 일로 생각하고 기술적 완벽함의 성취가능성을 부정하는 디자인의 근본적인 특징이다.

　그것은 엔지니어링 디자인을 과학의 진지하고 합리적인 적용으로 보는 순진함을 드러내준다. 과학이론을 충분히 검증할 수 없다고 주장하는 철학적 입장에서 과학과의 공명이 실제로 있다. 그러나 과학적 작업과의 비교를 주목하라. 과학의 경우, 우리는 이론의 모든 의미있는 결론을 연역하려고 노력하며, 공학의 경우, 우리는 제품이 제한되고 규정된 항목들을 충족시킨다는 것을 보증하고자 노력한다.

　미결정은 진단실수(또는 변칙사례)의 항의는 합리적이고 도구적인 방법을 적용하는 것 이상을 요구한다는 것을 말해준다. 엔지니어는 대상세계의 도구적 생각과 실천적 지시에 따라 만들어진 제품의 완전함을 믿고 신뢰할 수 있는 — 다르게 판단할 이유가 없는 — 반면, 제품이 세상에 출시되면 잘못될 가능성과 확률은 여전히 남아있다.

시나리오: 트러스 구조의 실패

여기서 나는 진단실패의 복잡성을 말해주는 간단한 사례를 생각해보려고 한다. 그것은 사고실험이다. 나의 의도는 지식을 주장하는 기준과 관련있는 철학자의 잘 알려진 시나리오를 선택해서 철학과 공학의 분리를 연결시키는 것이다. 그것 자체만으로 사실상 발생할 수 있는 이야기이며, 가능세계 안의 시나리오이다. 어느 곳에서든 나는 열역학 제 2법칙을 위반하지 않는다. 이 보고는 대상세계 사고 지시와 구조 엔지니어링 과정의 실천과 완전하게 일치한다.

그림의 까치발은 C 지점에서 무게를 지지하고 있음을 보여준다. 이것은 예를 들어, 선반, 간판에 대한 지지, 무기체계의 정밀한 하부구조일 수 있다.

그 배열은 일반적으로 "트러스구조"로 알려져 있다. 화살표는 무게 W가 C 지점에 가하는 힘의 방향이며, C 지점의 변위 d의 수직적 요소의 방향이다. 그 변위의 크기는 하중의 크기, 트러스 요소를 구성하는 물질, 그 길이와 단면적에 달려있다. "탄성" 더 직접적으로 "재료역학" 이론이 있는데 재료역학이론에 의하면 엔지니어

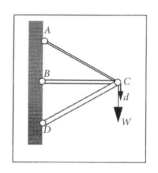

그림 3.1 트러스 구조

는 정보가 주어지면 변위의 크기를 예측할 수 있다.

일반적으로 뿐만 아니라 나의 시나리오에서 그 시스템은 다음의 조건 즉, 예측된 무게 W가 가해져서 그 구조가 모양을 유지한다면 부하가 있을 경우 C 지점의 작고 가장 수직적인 변위가 있을 뿐이라는 조건을 충족시킨다. 물론 세 요소 중 어느 하나의 장력(tension)[8]이나 압

---

8   주로 장력(張力)이라고 말한다. 장력은 물체가 늘어지도록 만드는 물리력이다._옮긴이주

축력[9](compression)은 예를 들어, 무게 W가 제한없이 증가한 것처럼 초과될 가능성이 있으며, 그 때 구성요소는 부드러운 플라스틱처럼 과도하게 파괴되고 부서지며 변형된다. 이것은 분명히 중요한 실수일 것이다.

나는 예측된 무게 W 때문에 변위 d는 (탄성)한계를 초과할 수 없다, 즉 그 구조는 최소한의 "강성도"를 나타내야 한다고 특정한 시나리오에서 구체적으로 언급했었다. 세 개의 단단한 요소들의 성질 — 그 단면적 — 은 예측된 부하의 최대값이 적용되었을 때도 변위가 규정된 한계 내에서 유지된다는 것을 보장할 수 있도록 선택되었다.

그러나 테스트했을 때 그 구조는 기대한 것보다 더 유연하다고 증명되었다. 예측된 부하의 수준에서 지점 C의 변위는 과도하다. 그러므로 그 구조는 구성요소들이 디자인 하중시에 부서지지는 않지만 조건을 충족시키지 못했다.

이런 결함에 직면했을 때 수정안이 제안되어 수락되었다. 밑부분 DC는 20% 더 많은 단면적을 가진 단단한 구성요소에 의해 대체된 결과 그 구조의 전반적인 강성도는 비교할 수 있는 비율로 똑같이 증가되었다. 테스트는 새로운 구조가 다음의 조건을 충족시켰다는 것을 보여주었다. 즉 예측된 부하의 변위는 더 이상 초과된 것으로 간주되지 않았고, 모든 것은 제자리를 찾았다. 즉 그 구조는 사용될 수 있었다. 이제 그것은 조건과 일치하여 움직일 것으로 믿어졌다.

유감스럽게도, 외부에 설치했을 때 까치발은 위에서 아래로 벽쪽에 붙들어매진다. 단단한 DC 부분은 위를 향해 있으며, 그리 단단하지 않

---

9   주로 압축(壓縮) 또는 그 힘을 말한다. 물체를 짧아지도록 만드는 물리력이다._옮긴이주

은 AC 부분은 바닥을 향해 벽에 붙들어매져 있다. 그 구조에 W의 무게가 가해졌을 때 변위가 관찰된다. W의 크기가 설계하중에 이르렀을 때 변위는 다시 초과되며 불행하게도 하중치가 조금씩 증가하면서 놀라운 비율로 상승하는 것으로 보인다.

자세하게 살펴보면, 압박되고 있는 AC 부분이 직선으로부터 크게 이탈했다는 것을 관찰할 수 있다. 그것은 "뒤틀렸다". 이것은 허용할만한 부하수준의 범위에서 부하가 조금 증가하면 왜 노드 C에 매우 크게 수직적인 변위가 부가적으로 생겨나는지를 설명해준다.

그것은 왜 실패했는가? 만일 트러스가 "정확하게" 즉, 위에 위치한 AC 부분과 함께 설치되었다면 그것은 실패하지 않았을 것이다. 실험실 조건은 야외에서 동일했을 것이다. 그러나 이것은 사실이 아니다. 상황이 변했다. 어느 누구도 그 구조가 위에서 아래로 설치될 가능성을 생각하지 않았다.

"생각하지 않았다", 고려하지 않았다는 것은 "알지 못한 것"으로 남아있다. 이 주장은 다음과 같다. 우리가 안전절차를 아무리 많이 준비하더라도, 사용이 가능한 상황에 대한 브레인스토밍 시간을 아무리 자유롭게 갖는다고 하더라도, 고려하지 않고, 상상하지 않고, 연구하지 않은 문제의 상태가 있을 가능성은 항상 있을 것이다.

오, 그러나 당신은 다음과 같이 말한다. "당신의 시나리오는 훌륭하지만 자기 몫을 하는 엔지니어는 더 좋은 디자인 작업을 수행했을 것이다. 분명히 우리는 두 형태에서 트러스를 테스트하고, 규정을 맞추기 위해 다른 방식으로 구조를 단단하게 했을 것이다. 분명히 두 부분은 동일하고 단단한 부분으로 대체되어야 한다."

의심의 여지가 없다고? 분명히 이것은 발생할 수 없다고? 그것은 어떤 종류의 반응인가? 물론 나는 무엇이든 의심할 수 있다고 생각한다.

우리는 어떻게 정당화하고 어떻게 확신할 수 있는가? 나는 시나리오 어느 부분에서 실수했는가?

어떤 사람은 다음과 같이 맞장구칠 것이다. "나는 적절하게 구성하여 설치되도록 디자인할 것이다. 가장 단순한 것은 라벨 붙이기 즉, '이것은 종료됨'일 것이다. 하나의 방식, 정확한 방식으로 설치될 수 있도록 디자인하는 것이 더 좋을 것이다. 윗부분이 수평부분과 같이 만드는 각을 밑부분의 각보다 작게 만들어서 디자인 해보라. 그 경우 벽의 소켓은 적당한 위치에 있기 때문에 트러스가 설치될 수 있는 유일한 방법이 있다."

마지막 권고를 받아들이면 AC 부분은 수평 부분과 작은 각도로 만난다. 그 시스템은 다시 진행되었다. 그러나 다시 한 번 이전과 같은 움직임 — 디자인 부하에서 초과된 변위가 있었고 부하를 가진 변위가 비선형적으로 증가한다는 증거 — 가 있었다. 그러나 이번 조사는 다음과 같은 것을 보여주었다. 즉 아래 부분은 뒤틀렸으며, 오히려 윗부분 AC는 장력에서 극적으로 보통 이상으로 훨씬 많이 변형되었다. 이것은 어떻게 가능했는가? 결국 그 부분들은 예측된 부하를 지지하기 위해 선택되었다.

디자인과 제조뿐만 아니라 조립에 참여한 모든 사람들과 함께 진행된 "근본 원인 분석" 결과 AC 부분이 조금 짧게 만들어졌다는 것이 밝혀졌다. 설치되었을 때 그것은 벽의 A 지점을 지지하기 위해 연결한다고 초기장력을 주면서 내뻗어야 한다. C에 하중이 적용되었을 때 생기는 부가적인 장력과 함께 초기장력은 재료의 항복응력(yield stress)을 초과했다.

그리고 그것은 계속 될 수 있다......

시나리오 안에서 내가 어떤 주장을 **하든** 그것은 가능성의 영역에서 더 많은 실수 부분을 제거한다. 디자인과정을 향상시키기 위해 **당신이** 어떤 부가적인 추천, 예를 들어, 품질관리를 향상하자는 추천을 **하든**, 당신이 예측할 수 있는 이상한 상황을 해결하기 위해 그 시스템에 어떤 여분을 부가하든, 당신이 행하는 실수의 수락가능한 위험의 확률적 구성에서 얼마나 후퇴를 하든, 나는 디자인, 제조, 조립, 패키지, 사용, 유지 과정에서 항상 새로운 상태, 가능세계 안의 조건들을 상상할 수 있는데, 그것은 설명할 수 없고 생각할 수 없으며 (누군가의 마음 속에) 실패를 가져올 수 있을 것이다.

이 시나리오는 생각하는 만큼 환상적이지 않다. 새로운 제품의 사용상의 안전을 확보하려는 시도 중에 디자인 참여자들은 스스로 사용자를 위험에 빠뜨리는 가능성의 시나리오를 제시할 것이다. 여기서 주장하는 바는 가능성의 집합이 결코 완전하지 않다는 것이다. 어떤 "바보"가 모든 기대를 저버리고, 자신의 안전을 무시하고 사회 안전을 위험하게 행동할 가능성은 여전히 남아있을 것이다.[10] 나의 시나리오는 단순한 트러스 구조에 대한 것이다. 그런 경우에도 알려지지 않은 가능성 때문에 우리는 디자인을 충분하게 검증할 수 없다는 결론에 이르게 된다는 것을 보여주기 위해 가능한 단순한 트러스 구조를 선택했다. 우리는 요점을 분명하게 하기 위해 소위 "복잡한 시스템"을 고려할 필요가 없다.

나는 이것과 철학을 관련짓기 위해 이 이야기를 수정한다. 이 수정된 시나리오는 게티어[11]에 의해 발전된 시나리오와 비교된다.

---

10 Bucciarelli, L. "Is Idiot Proof Safe Enough?" *International Journal of Applied Psychology* 2, 4 Fall 1985.

11 Gettier, E. L., "Is Justified True Belief Knowledge?", *Analysis*, 23.6 June 1963 pp. 121-123.

자신의 논문에서 게티어는 어떤 사람이 p가 참이라는 것을 알기 위한 필요충분조건을 말하기 위해 현대적인 시도에 도전한다.

그 조건은 다음의 형태를 갖는다.

s는 다음의 경우 오직 그 경우에만 p를 안다.

(i) p는 참이다.

(ii) s는 p라고 믿는다.

(iii) p라는 s의 믿음은 정당화된다.

게티어는 이 조건들이 "s는 p를 안다"라고 주장하기에 충분하지 않다는 것을 보여주기 위해 다음의 이야기를 꺼낸다.

스미스와 존스는 어떤 직업에 응모했다. 그리고 스미스가 다음 연언 명제를 믿을만한 강력한 증거를 갖고 있다고 해보자.

(d) 존스는 그 직업을 맡게 될 사람이고, 그의 주머니에는 10개의 동전이 들어있다.

(d)에 대한 스미스의 증거는 그 회사 사장이 스미스에게 결국은 존스를 뽑아 쓰겠다고 보증했다는 사실과 스미스 자신이 10분 전에 존스의 주머니에서 그 동전을 직접 헤아렸다는 사실이라 하자.

명제 (d)는 명제 (e)를 함의한다.

(e) 그 직업을 맡게 될 사람의 주머니에는 10개의 동전이 들어있다.

이제 스미스는 (d)가 (e)를 함의한다는 사실을 알고 (d)를 근거로 (e)를 수락하는데. 이에 대해 그는 강한 증거를 갖고 있다. 이 경우에 (e)가 옳다는 스미스의 믿음은 분명히 정당화된다.

그러나 스미스는 모르고 있지만, 실은 존스가 아니라 스미스가 그 직업을 맡게 될 것이라고 가정해보자. 게다가 스미스 자신은 모르고 있지만 그의 주머니에는 10개의 동전이 들어있다고 가정해보자. 그러면 이 경우에 명제 (e)를 추리한 명제 (d)가 거짓이라고 해도 명제 (e)는 참이다. 그렇다면 우리 사례에서 다음의 세 가지 조건은 모두 참이다.

(i) 명제 (e)는 참이다.

(ii) 스미스는 명제 (e)가 참이라고 믿는다.

(iii) 명제 (e)가 참이라는 스미스의 믿음은 정당화된다.

그러나 사실은 명제 (e)가 참이라는 것을 스미스가 알고 있지 않다는 것도 마찬가지로 명백하다. 왜냐하면 명제 (e)는 스미스의 주머니에 들어있는 동전의 수에 비추어 참이지만, 스미스는 자신의 주머니에 얼마나 많은 동전이 있는지 알지 못하며 명제 (e)에 대한 스미스의 믿음은 존스의 주머니에 들어있는 동전의 수에 기초하고 있으며 스미스는 그 직업을 맡게 될 사람이 자신이라고 잘못 믿고 있기 때문이다.

게티어, E. L., "참인 믿음은 정당화되는가?", Analysis, 23.6 June 1963 pp. 121-123.

게티어가 말한 대로 나는 이런 일이 일어나지 않는다는 것을 예시한다.

제인이 불확실한 트러스 소비자의 이해관계를 책임지는 최근 신규채용자라고 가정해보자. 그녀는 첫 번째 난제가 해결된 이후 상황에 이르렀다. 그녀의 선임자는 바닥부분 DC에 단단함이 증가한다는 것에 사인을 했지만 어떤 경우에는 이것이 문제를 해결하지 못한다는 보고가 들어오고 있었다. 지난 주 잘못 생각한 설치와 뒤틀린 바닥 부분에 대한 보고가 있었다.

이번 주, 그녀는 상세하고 허용가능한 하중 이하의 초과된 변위에 대해 불만을 가진 소비자로부터 호출받았다. 그녀는 트러스 작업을 그 지점에서 관찰하려고 한다. 불행하게도 소비자는 쉽게 제거되지 않는 울타리 안의 구조에 갇혀있었다. 제인은 하중 W가 증가함에 따라 노드 C가 변위하는 정도만을 관찰하며 만족하고 쉬어야 한다(인공물이 사용가능하더라도 제인이 좋아하는 충분한 정도까지 사용가능하지 않다는 것을 주목하라). 그녀는 데이터를 사무실로 되가져와서 그 변위가 초과하며 약간 비선형적으로 보인다는 것을 확인한다. 실험실에서 그녀는 "거꾸로 된" 트러스를 세우고 허용가능한 무게 W로 C 지점에 하중을 주고 뒤틀림의 시초를 관찰한다.

제인은 다음의 연언 명제에 대해 강한 증거를 갖고 있다.

(d) 트러스는 엉망으로 설치되었고 위와 아래 부분은 이제 뒤틀린다.

(d)에 대한 제인의 증거는 앞에서 이미 언급된 선례이며, 실험실에서 상하로 만들어진 제인 자신의 트러스 테스트일 수 있다. 그 테스트는 디자인 하중에 뒤틀림의 단초를 가져왔다.

그녀는 다음과 같이 가정한다.

(e) 위 AC 부분의 단면적이 증가하면 문제가 수정될 것이다.

그러나 다음과 같이 가정하자. 제인은 모르지만, 보호용 하우징(protective housing)이 설치되었을 때, 트러스는 오른쪽 방향에 설정되었지만 위 접합부분에서 충돌현상이 있어서, 그 부분은 보통 벽에 붙들어매진다. 그리고 벽에 적합한 힘이 가해질 때 윗부분 AC는 점차 상당한 정도의 압축응력을 받게 된다. 디자인 하중을 받으면서 윗부분에서 플라스틱 변형이 생겨나는데 다음에는 C 지점에 과도한 수평적 변위가 발생한다. 그런데도 (e)와 일치하여 수리하면 그 문제는 해결될 것이다.

명제 (e)를 추리한 명제 (d)가 거짓이더라도 명제 (e)는 참이다. 우리의 예에서 다음의 결론은 참이다.

(i) 명제 (e)는 참이다.
(ii) 제인은 명제 (e)가 참이라고 믿는다.
(iii) 명제 (e)가 참이라는 제인의 믿음은 정당화된다.

그러나 명제 (e)가 참이라는 것을 제인이 모르는 것도 마찬가지로 참이다. 왜냐하면 윗부분 AC의 플라스틱 변형에 의해 명제 (e)는 참인 반면에 제인은 윗부분의 플라스틱 변형에 대해 모르고 있으며 (e)에 대한 제인의 믿음은 아래 부분의 뒤틀림에 의존하는데 제인은 그 뒤틀림이 실수의 원인이라고 잘못 믿고 있기 때문이다.

게티어 자신의 논문에서 발견된 시나리오 중의 하나를 모방한, 지식의 세 가지 조건에 대한 게티어 형태의 반대사례는 제인이 정당화된 거짓인 믿음을 갖고 있다는 것이다. 즉 제인은 (d)로부터 (e)가 참이라고 추리하여 정당하게 믿고 있는데 지식이 아닌 정당화된 참인 믿음에 이르게 된다.[12]

---

12   Dancy, J. *An Introduction to Contemporary Epistemology*, Oxford : Blackwell, 1985 p. 25.

이제 나는 철학자들이 게티어 반대사례를 어떻게 주장하는가에 대해 탐구하는 것이 아니며, 반대사례가 그 힘을 조금 잃거나 지식의 조건을 다시 정의하는 반란 위에 세워지도록 지식의 조건을 수정하려고 한다. 그러나 나는 그의 도전에서 반란 같은 것을 발견한다. 반란 같은 것은 기술적 결과의 진정성을 낳는 일과 적절성을 갖거나 적어도 디자인에서 한계를 인정하는 것을 의미한다.

내가 선택한 게티어 시나리오가 암시하는 대로, 우리가 움직임의 참된 원인을 주장하느냐 여부는 적절한 수리 행위를 방해하지 않을 것이다. 여기서의 문제는 "거짓된 지식" — 만일 내가 그렇게 부를 수 있다면 그것은 우리의 직접적인 목적에 기여할 수 있다 — 이 미래에 우리를 곤경에 빠뜨릴 수 있다는 점이다.

만일 내가 추천할 수 있다면 그것은 실패진단의 일을 도전받았을 때 엔지니어가 회의적 태도와 관점을 선택하는 것이 좋을 것이라는 점이다. 규칙과 발견법, 블록 다이어그램, 오작동과정을 다루는 도구적이고 합리적인 방법이 있지만, 모든 시대, 모든 맥락, 모든 가능세계에서 우리가 하나의 해결책을 갖고 있느냐 여부는 확실하게 알 수 없다.

더욱 복잡한 세계

이 마지막 시나리오는 추상적이며 이론적이고, 기술적 실수의 원인 결정을 가장 단순한 경우에도 분명하게 하려고 한다. 그것은 공학적 지식과 앎의 한계가 갖고 있는 의미를 제공하는 반면, 현실적인 작업의 세계와 동떨어져 있다. 그것은 디자인과정의 블록 다이어그램과 같으며, 1장에서 표현된 디자인에 대한 추상적이고 냉정한 규정이다. 그 규정은 모두 방법에 대한 것이며 모두 제품에 초점이 있으며, 그 박스와 테두리 안에는 어떤 사람도 없다는 것을 상기하라. 그것은 그 디자인 작업이 우리가 모르는 한 명의 행위자, 개인, 회사, 기관에 대한 유일한 책임일 수 있다는 것을 의미한다. 그것들 안에 "사회적인 것"은 전혀 없다. 게티어 세계에서도 또한 그렇다. 제인, 스미스와 존스는 사회적 행위자라고 보기는 어렵다. 그러나 그것은 그 이야기의 의미와는 무관하다. 중요한 것은 그들이 주고받는 말과 명제와 추리가 철학적 분석의 수락된 규범과 일치한다는 점이다.

지금 나는 최근 과거와 소위 실제세계로부터 가져온 기술적 실수 사례의 두 개의 요약을 통해 문제를 더욱 복잡하게 하려고 한다. 이제 우리가 만난, 진단작업에 참여한 사람들은 다양한 책임과 이해관계를 갖고 있으며 디자인 작업처럼, 그들의 다양한 주장과 추론이 화해하려면 컴퓨터 모델링과 하드웨어 테스트, 원격측정 데이터 분석, 자신들의 주머니에 단지 10개의 동전을 갖고 있는 제인, 스미스, 존스보다 그 문제에 대해 더 많은 도구적 분석과 대상세계 작업이 요구된다.

품질 협상

나의 첫 번째 사례는 다이안 베일리(Diane Bailey)의 논문 "반도체 공장 세 개의 팀구조의 제조성과 비교"[13]에서 가져온 것이다. 그녀의 목적은 작업현장에서 생산문제에 직면했을 때 의사결정과정에 더 많은

---

13   Bailey, D., "Comparison of Manufacturing Performance of Three Team Structures in Semiconductor Plants", *IEEE Transactions on Engineering Management*, 45, 1 Februaty 1998.

자유가 주어진다면 노동자들이 소위 책에 의해 진행하는 사용자보다 기술과 지식을 더 효과적으로 사용할 것이라는 생각을 테스트하는 것이다.

여기에서 그녀는 다양한 방식으로 조직된 제조업 노동 그룹의 성과를 비교분석한 결과를 내놓는다. 한 그룹은 자율작업팀(SDWT)으로 구성되었으며, 그녀가 연구한 다른 그룹은 지속적인 개선팀(CIT)과 제품관리 프로그램(QC)으로 조직되었다. 그녀는 식각작업자(etch operator)로 이루어진 자율작업팀의 생산성이 다양하게 조직된 다른 그룹보다 저조하다는 것을 발견한다. 이것은 그녀의 예상과 상반된다. 그녀는 자율작업팀이 일을 더 잘 할 것으로 기대했고, 상대적으로 저조한 성과를 설명하고자 한다.[14]

우리는, 품질 문제를 해결하는 것에 관해 SDWT에 의해 소비된 시간 때문에, 생산된 웨이퍼 수에 의해 측정된 것처럼 생산성은 반드시 줄 것이지만 (웨이퍼로부터) 좋은 칩의 전반적인 생산은 웨이퍼 당 좋은 칩의 비율을 증가시켜서 향상할 것이라고 주장할 수 있다. 후자의 계량은 틀생산으로 간주된다. 불행하게도, 생산과정의 복잡성 때문에 작업팀은 차치하고 틀생산의 문제의 추적을 개별적인 기능으로 제한된다.

전형적인 칩은 대략 16겹을 갖고 있는데, 각각은 결함있는 칩의 원인을 피의자로 간주하는 64개의 가능한 과정을 결과로 갖는 대략 4개의 기계과정이 요구되기 때문에 복잡해진다. 이 과정에 관련된 기계수 때문에 결함있는 칩의 잠재적 기원의 수는 훨씬 더 증가한다.

---

14   위의 논문, p. 31.

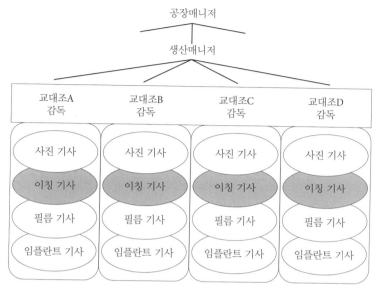

그림 3.2 전형적인 공장 생산 계층도

문제는 주로 특정한 형태의 결함에 대해 많이 의심하는 것과 그 시점에서 사람들이 분류했던 것보다 더 많은 결함을 갖고 있는 것에서 발생한다. 그 문제는 개별적인 과정 — 테스트 하기 전에 적절하게 필요한 전체회로 — 이후 대부분의 결함에 대해 테스트를 할 수 없기 때문에 더욱 복잡해진다.[15]

자율작업팀의 상대적인 효과를 측정하면서 생산과정의 질을 매우 다양하게 측정할 수 있는 것처럼, 우리는 웨이퍼보다 틀 생산 — 웨이퍼당 좋은 칩의 수 — 이 중요하다고 추론할 수 있다. 이 경우 생산과정의 실패에 대한 정의는 문제된다. 웨이퍼 생산의 매니저에 대해, 다른 그룹에 비해서 좋은 웨이퍼의 낮은 비율은 표준 이하의 과정을 의미한다.

---

15   Bailey, D., Personal correspondence 28 January 2002.

품질관리에 대해서, 생산과정에 따라, 더 좋은 틀 생산은 그 반대를 암시할 수 있다. 그 경우 과정의 실수가 있느냐 여부는 당신이 묻고자 하는 사람의 문제가 된다.

두 개의 평가에 대해 과정이 향상될 필요가 있다는 점에 일치한다, 즉 두 개의 측정은 문제가 있다는 것을 지적하고 있으며 그 과정에 대해 양측은 바로잡는 행동이 있어야 한다는 점에 일치한다고 하더라도, 실패의 원인을 결정하고 난제를 규정하는 어려움이 남아있다. 이것은 또한 도구적 추리보다 더 많은 것을 포함할 것이다. 즉, 이해관계와 관점에 대한 협상이 요구될 것이다.

이렇게 해서, 실수를 찾아가는 과정에 참여하는 사람의 능력과 책임은 다양한 방향에서 무엇인가를 시사해준다. 즉 생산매니저는 (대상으로서) 과정을 바라보면서 한 가지 — 웨이퍼 생산에서 많은 조각들 — 를 본다. 그녀는 일을 더 잘하도록 자신의 노동력을 조직화하고 동기화하는 일에 관심을 갖고 있다. 품질관리 책임자는 그 과정을 바라보면서 그 문제를 다른 방식으로 살펴본다. 그는 기계와 회로에 대해 더 자세하고 복잡한 모습을 보는데, 각각은 시간에 따라 옆길로 빗나갈 수 있다. 방법의 다양성에도 결함은 발생할 수 있으며 그는, 문제를 공격하는 것은 확실한 지식을 얻는 유일한 방법이며, 해결책을 찾아가는 과정에서 충분히 정당화된다고 주장한다. 그의 관점에서 경영은 표면적인 현상에 관심이 있는 것처럼 보이며 그룹의 저조한 생산성의 진정한 원인을 파악하는 것에는 관심이 없는 것 같다. 반면에 생산 매니저는 동료의 제안을 너무 비싸고 불필요한 것으로 간주한다. 제안처럼, 하우징 안에 있는 파괴된 트러스 구조를 봤을 때, 그녀는 칩처리과정을 포함하고 조작을 하는 블랙박스를 열고 품질관리에 따라 문제의 "실제" 근원을 바라보고 찾고 결정하는 과정을 불필요하며 실행할 수 없는 것으로 생각한 것 같다.

높은 기술 제품은 여러 겹의 복잡성을 나타낸다. 진단활동과정에서 우리는 실수의 근본 원인을 파악할 수 있을 것이다. 그러나 우리는 어느 수준의 디테일에서 멈출 것인가? 그리고 이 여행을 하기 위해 어떤 정도의 기원이 요구되는가? 돈뿐만 아니라 시간의 제한은 이제나 저제나 끝내고 패치(patch) — 일부는 그것을 조금도 만족스럽지 않은 수정으로 생각할 것이다 — 를 만들고 그 사업을 계속할 것을 요구한다. 덜 실용적으로, 우리는 "근본 원인" 개념 자체가 단지 판타지에 불과한지를 물을 수 있다. 그것은 확인되었을 때 모든 것을 설명하면서 만일 정확하다면 완벽에 가까운 성과를 만들어내는 유일한 요소이다. 그것에 대한 수사적인 해석이 항상 가능한 반면, 일치의 범위가 넓다고 하더라도 우리는 그것의 존재론적 지위에 의문을 던질 수 있다. 나의 다음 사례는 하나의 인과적 요인을 찾는 난제를 설명해준다.

원인 협상하기

이 사례는 적어도 두 가지 측면에서 이전 사례와 다르다. 여기에서 실수가 발생했다는 것은 의문의 여지가 없다. 둘째, 이 경우 진단과정에 참여한 사람들은 동일한 회사의 구성원들이 전혀 아니다. 실수의 관리와 정의는 다양하고 독립적인 행위자들의 손에 달려있다.

실수는 브리지스톤/파이어스톤 레디알 ATX 타이어와 윌더니스 AT 타이어의 성능과 관련있다. 미국 국립 고속도로 교통 안전 위원회 (NHSTA)의 보고에 의하면 파이어스톤 청구자료 데이터베이스 내, 리콜된 타이어에서 발생한 타이어 파열 관련 청구건은 총 74명의 사망과 350명 이상의 상해를 가져온 수많은 충돌사고와 관련이 있다(2001년 3월 기준).[16]

나는 이 비극적이고 손실이 큰 파손사례들에 대해 자세하게 분석하지는 않겠지만, 진단 및 교정과정에 관련된 사람들이 누구인지, 의미있는 요인들은 어떠한 것들이 있는지, 또한 이것들이 어떻게 협상되는지를 설명하고자 한다. 참여자들은 파이어스톤 타이어, 자사 엑스플로러 SUV에 파이어스톤 타이어를 장착했던 포드 자동차, 자동차 오너들과 운전자들 국립 고속도로 교통 안전위원회가 있고, 남부 주간 고속도로에 내리쬐는 뜨거운 태양도 목록에 추가할 수 있다.

이 경우에도 분명히 실수가 있었다. 주로 후륜 타이어에 있었던 타이어 파열과 엑스플로러의 충돌 사이의 관계에 대한 믿음은 현재까지 축적된 증거에 의해 충분히 증명되었다. 그러나 실수의 원인을 결정하는 시도에 초점을 맞추면서 알게 된 사실은 우리가 예측하는 대로 우리는 다양한 참여자들이 근본 원인과 이를 올바르게 설정하기 위해 무엇을 해야 하는지에 대해 다양한 주장과 추측을 제시한다는 점이다.

파이어스톤에 따르면 충돌은 타이어 파열을 야기할 수 있는 수준의 응력과 같이 하나의 지배적인 요인 때문에 발생하지 **않았고**, 대신 여러 요인들, 즉 지나친 하중의 자동차와 낮은 타이어 공기압의 조합 등에서 비롯되었다. 파이어스톤과 포드가 토론, 혹은 협상을 통해 대립한 문제

---

16 국립 고속도로 교통 안전위원회(NHTSA), *Engineering Analysis Report & Initial Decision Regarding EA00–023, Firestone Wilderness AT Tires, Executive Summary*, iii, http://www.nhtsa.dot.gov/Firestone/firestonesummary.html (2002년 10월 25일 접속함)

는 타이어 온도 증가에 의한 타이어 파열을 막기 위해 어떠한 수준의 타이어 공기압이 필요한지에 대한 것이었다. 파이어스톤은 좀 더 딱딱한 승차감을 주는 높은 공기압을 추천하였지만 이와 정반대로 포드는 낮은 공기압을 제시하였다. 또한 파이어스톤은 자신들이 실시한 테스트 결과, 포드가 초기에 규정한 엑스플로러의 타이어 공기압으로 설정된 허용 하중수준이 타이어 하중운반능력의 한계에 가까울 것이라고 보았다. 평균적으로 타이어는 한 달에 대략 1프사이(psi)공기압이 누출되므로 4개월이 지나면 "엑스플로러의 왼쪽 후륜은 초과적재될 것"이라고 결론지었다.

물론 포드는 근본 원인이 파이어스톤의 부족한 타이어 설계수준뿐 아니라 디케이터 공장의 어설픈 품질관리체계에 있다고 주장했는데, 파이어스톤은 이를 인정하면서도 자사 디케이터 공장에서 제조한 타이어가 포드에서 요구한 시방서를 충족시켰다고 반박하였다.

파이어스톤은 한편으로 엑스플로러의 조잡한 디자인이 근본 원인이었다고 주장하기도 하였다. 타이어 파열에 따른 포드 엑스플로러의 조정과 관제 특성에 대한 공식적인 안전결함 조사를 요청하는 편지를 국립고속도로 교통안전 위원회에 보내면서 그들은 다음과 같이 주장했다.

파이어스톤은 ATX와 윌더니스 AT 타이어의 파열에 이어 엑스플로러에서 발생한 충돌(충돌의 많은 부분은 전복사고를 포함)의 가장 큰 이유는 타이어의 결함보다 엑스플로러의 디자인 때문이었다.[17]

---

17 Bridgewater/Firestone이 NHTSA에 보내는 편지, 2001년 5월 31일.

더욱 분명하게 본 진단작업은 다양한 관심, 책임, 능력, 관점을 가진 다양한 참여자들을 포함하고 있으며 다음과 같이 대상세계 작업을 요구하는 일도 존재한다. 예를 들어, ATX와 AT에서 내부 응력에 대한 공학적 분석과 응력이 허용할 수 있는 수준을 초과했느냐의 여부, 높은 속도에서 부하가 걸린 후의 타이어의 온도증가에 대한 실험적 측정 및 이것이 어떻게 "차가운" 타이어의 초기압력에 의존하는지에 대한 고찰, 정상적인 작동조건이나 후륜 타이어의 펑크에 의해 방해받을 경우 포드 엑스플로러의 동적인 안전성 등이 진단이 필요한 작업들이다. 그러나 이런 연구들은 그 자체만으로 결정적이지 않다. 원인에 대한 협상과 책임의 결정은 대상세계 지식에 의존하는데 이 지식은 필요하지만 충분하지는 않다.

앞에서 언급한 타이어 파손 관련 문제는 조용하게 가라앉았지만, 최근 우리는 이 건과 무관하지 않은 다른 타이어 리콜에 대한 뉴스를 접하게 되었다. 포드 SUV에 장착된 북미 콘티넨탈 타이어의 일부의 접지면이 손실되어 백만 개의 타이어를 리콜했다는 것이었다.[18]

우리는 이제 포드의 엑스플로러가 존재하지 않았다면이라는 가능성을 회의적 관점에서 생각해보자. 과연 그 파손이 발생했을까? 즉, 다른 자동차의 동일한 타이어에 펑크가 나고 충돌이 발생해서 자동차 탑승자가 사망하는 경우가 많이 발생하여 이러한 파손이 확인될 수 있었겠는가? 또한 원인의 결정은 동일한 방식으로 나타나는가? 우리는 더 나아가 다음과 같이 묻는다. 가스 연비에 대한 정부의 규제가 엑스플로러 SUV(Sport Utility Vehicle)를 가벼운 트럭으로 분류하는 것을 막는다면 어떻게 되었을까? 그러면 포드 익스플로러가 존재하였을까? 이러

---

18   2002년 8월 20일 화요일, 뉴욕타임스.

한 정부의 나태와 허점의 존재를 기여 원인으로 간주해야 하는가? 우리는 어느 곳에 경계선을 그을 것인가? 그 외에 모든 주장이 동일하다고 (무관하게 또는 기여하지 않는 것으로) 주장하기 전에 우리는 어느 정도 진행할 수 있는가?

결론

엔지니어는 자신의 실수에 어떻게 대처하는가? 나는 기술적 실패를 다루는 이런 이야기들 속에서 실수의 본질, 실수를 어떻게 설명하거나 설명할 수 없는가 그리고 교정, 혹은 "수정"을 하기 위해 무엇이 요구되는가를 살펴보려고 하였다.

  엔지니어로서 우리는 우리 사회의 합리적, 도구적 사고의 역할 모델로서 존재한다. 우리는 디자인, 제품과 시스템 안의 오작동의 참된 원인을 확인하고, 문제를 바로 잡으려는 우리의 제안에 대해 신념과 자신감을 가지고 진행하려고 한다. 회의적인 시각을 가지면 이것은 가능하지 않다. 어느 한 결정이 모든 상황에서 언제나 유효할 것이라는 우리의 믿음이 정당화될 수 있더라도, 우리는 그것이 참이라는 것을 알지 못한다. 물론 이것은 우리가 실패의 참된 원인을 밝히려고 노력하지 말아야 하며, 유망하고 합리적이고 도구적인 방법을 사용하지 말아야 한다는 것을 의미하는 것이 아니라, 확실한 지식으로 주장할 수 있는 것에는 한계가 있음을 의미한다. 그리고 복합한 체계가 더 어려울 수 있는 반면 그 결과는 가장 단순한 종류의 제품에도 적용된다. 디자인, 제조, 사용적 측면에서 "실수"로 해석되거나 해석되지 않을 수도 있으며 특이한 맥락 안에서 예기치 못한 행동이나 생각할 수 없는 사건들이 발생할 가능성은 항상 존재한다.

마지막 관찰은 그 이상의 복잡성("실수"의 사회적 본질)을 나타낸다. 그것은 사람의 행동과 기관, 사회적 제도가 실수의 요인일 수 있다는 것을 의미할 뿐만 아니라 사물을 정확하게 설정하고 사태를 올바르다고 주장하는 것은 문제를 확인하고 정의하고 해결하기 위해 문제의 다양한 관련자들 사이에 협상이 요구된다는 것을 의미한다. 그 경우 이것은 진단학을 디자인과 유사한 것으로 생각한다. 즉 디자인이 불충분한 결정인 것처럼, 실수와 그 수정의 마지막 해석도 불충분한 결정이다.

이 주장의 근저에는 디자인이나 진단학에 참여하는 다양한 사람들이 각자 세계를 다르게 바라볼 가능성과 그 차이점이 중요하다는 점에 있다. 세상의 기술에 대한 매우 도구적인 시각이 어떤 규범과 가치에 따라 효과적이며 유효한 반면, 모든 사람이 반드시 세계를 동일한 방식으로 바라보고 이해하고 읽어야 한다는 결론이 도출되지는 않는다. 이것이 참이라는 것을 인정한다면 우리는 모든 형식에서 이루어지는 공학적 실행의 도전을 더 깊게 이해할 수 있게 된다.

독자는 내가 이 에세이에서 "인간의 실수", 위법행위, 비윤리적 행위에 대해 거의 언급하지 않았다는 것을 주목할 수 있다. 그것으로서 나의 분석은 심각한 결함이 있으면 심지어 본질을 회피하기도 한다고 결론내릴 수 있고, 기술적 실수는 개인이나 회사의 잘못된 행동의 문제는 아니라고 잘못 암시하듯이 근본 원인에 대한 탐구를 단념하고 있다고도 느낄 수 있다. 그 관찰은 정확할지 몰라도 결론은 정확하지 않다. 물론 엔지니어들도 태만하고 사기치며 공급자로부터 상납받을 수 있고, 데이터를 임의로 변경하고 사회적 가치에는 어둡고 증인석에서 사실을 윤색할 수 있다. 회사의 사장들도 마찬가지이다. 나의 관심은 병리적이고 병들고 이상한 행위가 아니라 정상적인 공학자의 행위를 더 잘 이해하는 것이다. 대부분의 제품과 시스템적 실수는 잘못된 의도나 나쁜 행동에서 나오기보다는 대상세계 업무의 평범하고 일상적인 윤리에 그 기원을 갖고 있다. 그것은 우리의 알 수 없는, 그리고 불충분한 결정을 내리는 성격만으로도 충분히 설명할 수 있다. 나는 모든 참여자들이 전문직업의 규범과 기준에 일치하여 일을 할 때 발생 가능한 기술적 실수와 엔지니어링 디자인의 집단사업을 설명하려는 노력에 집중하고 있다.

다른 공백: 그 주제가 우리의 관심분야 안에 있더라도, 나는 실수의 정의에 대한 법과 법률과정의 기여에 관해 언급하지 않았다. 많은 경우에 법률과정은 책임을 결정하는 과정에서 실수의 정의와 해석에 중요한 요인이다. 나는 그 중요성을 인정하지만 내가 그 역할에 충분한 정당성을 부여하기 위해서는 다양한 세계에 관여할 필요가 있다. 그것은 책 전체는 아니더라도 하나의 장(章)을 통해 다뤄야 할 내용이다. 많은 경우 법정의 손실 재정을 실수의 근본 원인을 찾는 것으로 생각하지 말아야 한다고 말하는 것으로 충분하다.

내가 관심있는 것은 책임과 윤리, 도덕적 판단의 법칙세계와 대상세계 내에 퍼져있는 가상의 객관적인 규범 사이의 명백한 괴리이다. 엔지니어들이 가치와 기계를 분리시키는 방법은 분명하지만(엔지니어들이 법률가에 대해 말하는 농담, 모든 기술적 분석에서 수동적인 목소리를 사용하는 것, 사회적 책임으로 공격받을 때 표현하는 당혹감 등) 그것은 무제한의 기술적 진보로 이루어진 최선의 디자인, 무결점 코드 가능성에 대한 믿음과 일치하거나 필수적인 요소이다. 기술적 실수를 바라보고 사건들을 순수하게 기술적, 인간적, 사회적 또는/그리고 법적 요인들의 집합으로 단순화하는 가능성을 열어두게 되면, 우리는 이 골이 왜 깊게 보이며 그 실수를 수정하려면 무엇을 해야 하는지를 더 잘 이해할 수 있다.

만일 우리가 이 가능성을 추구하지 않고 소박함을 버리지 않는다면, 우리에게는 두 개 영역 (두 문화) — 주관성, 의견, 가치가 중요한 사회적 영역 그리고 객관성, 한결같음, 과학적 법칙과 냉정함, 객관적 도구적 추리가 중요한 기술적/과학적 영역 — 으로 분리된 세계만이 남아있을 것이다. 전자의 경우 삶은 필요, 욕구, 사람들의 관심에 의존하는데 후자의 경우 삶은 대상세계의 모든 수준에서 평범하고 세속적이고 자율적이고 순수하게 도구적이다. 이것은 우리가 살고 있거나 일하고 있지 않는 세계이다. 우리 엔지니어는 더 잘 그리고 바르게 알아야 한다.

4장

사실에 대한 지식과 방법에 대한 지식

3장에서 나는 엔지니어가 모르는 것에 대해 탐구했다. 이 장에서는 엔지니어들이 알고 **있는** 것에 대해 언급하려고 한다. 특히 엔지니어들이 갖고 있는 믿음의 결과로 그들이 행하는 행동 및 의사결정과 디자인과정에 대해 관심을 갖고 있다. 엔지니어들의 사고와 실천방법의 근본적인 뿌리는 무엇인가?

첫 번째는 절차이다. 다양한 종류의 공학적 절차가 있다. 그것은 많고 다양한 대상세계, 확신을 갖는 다양한 법칙들이다. 달리 말하면, 엔지니어가 해야 하는 매우 다양한 종류의 일들이 있다. 즉, 디자인, 진단, 제품개발과 관련한 연구, 제작, 프로젝트 관리, 세일즈 공학들이며, 또한 교육도 있음을 잊지 말아야 한다. 엔지니어들은 각각 다른 분야의 산업과 다양한 규모를 가진 프로젝트를 수행하고 있다. 즉, 예산, 시간, 취급하는 물질 및 각각의 국가적 특성도 있다. 나는 이 모든 분야를 다룰 수 없으므로 내가 제일 익숙한 엔지니어의 대상세계 안에서 진행되는 작업으로 관심을 제한할 것이며, 거기서 근본적인 것, 지식으로 간주되는 것을 탐구할 것이다. 나는 내가 말하고자 하는 것이 그런 다양한 세계, 작업, 산업, 문화에 적절할 것으로 기대한다.

　다른 중요점은 언급이다. 나는 실재론자이다. 나는 나 자신(그리고 당신)과 동떨어진 다른 물질적 세계가 있다고 믿는다. 그렇지만 나는 우리가 세계의 참된 본질, "있는 그대로의 실재 자체"을 결코 알 수 없는 것이 아닌가라고 의심한다.[1] 우리는 "이제 유리를 통해 어둡게", "동굴 벽 위의 그림자.."를 보고 있지만 "사물 그 자체"를 결코 보지 못한다. 그래도 우리는 수학적으로 엄격하게 구조화된 일반이론을 구성하면서 그리고 원인과 결과를 생각하는 것만큼 원인과 결과를 연결하는 현상학적 법칙을 만들어가며 일을 잘 하고 있다. 그러나 이러한 것들은 적어도 잠시 동안은 "있는 그대로 실재"의 작용을 설명하는 것으로 충분하다. 엔지니어들은 일관되고 사회적으로 가치 있고 유용한 이야기 즉, 우리 주변의 세계를 다양한 용어로 이해시켜주고 세계를 우리 마음에 들도록 매우 특별한 방식으로 개조하게 해주는 설명을 제공하는 것으로 충분하다.

　역사는 그런 이론과 특별한 설명법칙이 어떻게 자세하게 추리되고 개발되고 도출되고 테스트되고 사용되는가를 밝혀준다. 역사는 또한 다른 대안이 가능하다는 것을 보여준다. 우리의 이론과 설명은 결코 유일하지 않으며 어떻게든 항상 조금씩 다르다. 우리가 그 진리를 향해서 도달하는지의 여부는 다른 문제이다. 이것은 나를 상대주의자로 만들지만, 동년배이거나 나이 차이가 나거나 사람들은 서로 다르며, 세계를 의미 있는 방식으로 다르게 바라본다는 나의 주장을 허용하는 정도로만 그렇다. 결과적으로 과학적 그리고/혹은 공학적 지식의 본성과 지

1　Duhem, P. *The Aim and Structure of Physical Theory*, Wiener, P., (trans), New York, Atheneum, 1962.

위를 이해하기 위해서는 우리가 지식의 개발과 사용의 사회적-역사적 맥락을 연구해야 한다.

과학철학자들은 맥락을 무시하는 경향이 있다. 그들은 지식이 믿음의 문제이며 명제와 그 논리적 결과에 의한 정당화이며, 사회 규범과 가치 혹은 문화적 관점에 의해 혼란을 겪지 않는다고 믿는 것 같다. 이것은 그들이 과학이론을 합리적으로 재구성하며, 가정을 명확하게 하고 용어의 일관된 의미를 테스트하며 이론의 완전함과 충분한 범위를 탐구하는 데는 잘 기여하지만, 과학 활동을 **하고** 이론을 세우고 목적에 맞게 실험을 진행하기 위해 무엇을 해야 하는지에 대해서는 거의 말하지 않는다.

철학적 관점에서 공학적 지식을 구성하는 것이 무엇인가를 알고자 하면, 개발과 사용의 맥락에서 지식, 앎, 노하우 등을 연결시켜 보지 않는 어떤 시도도 불완전하고 불만스러울 것이 뻔하다. 이것에는 두 가지 이유가 있다. 과학과 반대로, 공학적 지식은 기본적으로, 전문학술지의 세계인 교과서에 중심을 두지 않는다. 공학과 교수들은 학계라는 울타리를 넘어서 회사 안의 전문가그룹에 새로운 지식에 대한 자신의 주장을 발표한다. 신제품 및 시스템의 디자인과 개발과정에서 참여하여 얻는 지식과 노하우는 더욱 다양한 방식으로 사용된다. 내부 메모, 실험실 보고서, 부품 목록, 계약서와 공급자 견적서는 전통적 문자 형식을 갖고 있지만 이런 맥락에 대한 지식을 읽는 것은 필수적이다. 우리는 그런 단기 생산품의 의미를 파악하기 위해, 예를 들어 엔지니어가 추상적인 물리학 책을 읽듯이, 엔지니어들이 알아야 할 것들을 대중들이 알아야 한다고 생각하지 않는다. 그림과 스케치, 약간의 하드웨어, 원형과 공급자의 샘플도 지식을 전달한다. 그것들은 공학적 실행 언어의 일부분이다. 문자와 사물의 서로 다른 집합은 새로운 디자인에 대한 추리와 디자인을 통한 사고로 이어진다.

둘째, 공학적 토론거리가 되는 "사물"의 종류는 과학에서보다 훨씬 더 다양하다. 힘, 변위, 온도, 시간, 전하, 전류, 전압, 질량과 같이 높게 평가되는 과학적 변수들과 참은 합리적 설명에 적합하고 측정가능하며 중요한 역할을 한다. 그러나 엔지니어들이 지식과 디자인의 업무처리에 노력하듯이 엔지니어가 고려하는 덜 좋고 덜 길들여진 다른 변수들, 예를 들어 비용, 안전한도, 법률과 제재, 소비자의 기호, 미학, 제조 방법, 보수절차 같은 것들도 있다. 현상을 일련의 공통 변수로의 환원이 가능한 대상세계에서 진행되는 과학자의 연구가 어떤 분야 내의 규범인 반면 공학설계와 제품 개발과정의 프로젝트 수준에서는 어떤 표현과 편리한 추상도 가능하지 않다.

전통적 문자로 이루어진 표현처럼, 명제로 구조화된 추리처럼, 추상적인 공학 지식을 토론하기 위해서는 내용과 형식의 다양성 때문에 공학자의 추리과정에서 중요하고 의미있는 것을 완전하지는 않더라도, 적어도 무시해야 한다. 과학을 닮은 이론공학자들이 논리적 일관성 같은 표현을 요구하는 반면, 기능적 제품과 생각, 개념, 원리를 결합하는 끈은 우리가 기대하거나 디자이너가 희망하는 만큼 결정적이지 않다.[2] 개발과 사용의 맥락에 민감하게 대응할 때에만 공학 지식의 본질과 지위에 대한 철학적 연구가 재미있고 유용하다고 증명할 수 있다.

이것들은 공학만의 문제는 아니고 지식에 관해 더 많이 퍼져있는 오해의 증거이다. 지식은 존재 그 자체이며, 모든 사람들이 얻으려고 하

---

2 카트라이트에 의하면 뒤엠은 '물리이론은 추상체계이며 그 목적은 그 법칙을 설명하려는 목적 없이 실험법칙군을 요약하고 논리적으로 분류하는 것'이라고 생각한다. 공학에서 물리법칙의 기능은 매우 같지만 여기서 법칙군은 생산적이며 규정적이며 구조적이며 생각만큼 실험적이지 않다.

는 책 안에 포함되어 있다.

지식

그런 것은 전혀 없다.

"지식"에 대한 퍼져있는 메타포는 지식이 물질적 실체라는 것을 넌지시 말한다. 우리는 지식을 **얻으며** 머리 어딘가에 **지식을 저장한다**. 우리는 지식을 학생에게 **옮긴다**. 일부 학생들은 나의 강의가 "소화전에서 **드링크를 먹는 것과 같다**"고 주장한다. 이 과정을 계획하면서 우리는 어떤 **물질**을 다뤄야 하며 무엇을 **버리고** 무엇을 **간직**할 것인가를 결정한다. 지식은 부가적이다. 한 과정의 물질은 다른 과정의 물질 위에 **세워진다**. 우리는 연구과정에서 새로운 지식을 구성하거나 **발견하며**, 기여하는 값어치는 때때로 문자 그대로 출판의 **수**에 의해 측정된다. 지식은 **깊을 수도 있고 피상적일 수도 있다**. 우리는 **이전보다 지금 더 많이** 알고 있다.

이런 방식으로 말하고 사고하는 것은 잘못이다. "재료"(고체거나 액체거나 기체 — 고체는 기체보다 더 좋다)로서의 지식이라는 메타포는 우리를 잘못된 길로 인도한다. 그와 다르게 하는 것이 어렵다는 것을 알기 때문에 나는 그 용어를 계속 사용할 것이다. 그러나 나는 **지식**(knowledge)보다 **앎**(knowing)에 대해, 재료보다 활동에 대해 말하고자 한다. 그것은 이렇게 하는 것이 앎(지식)의 본질에 대한 나의 견해에 더 잘 맞기 때문이다.

나의 비판이 원조는 아니다. 칼 포퍼는 "지식에 대한 상식이론"이 잘못이라고 주장한다. 지식에 대한 상식이론에 의하면 우리의 마음은 "원래 비어있거나 다소간 비어있는 버킷인데, 이 버킷에 감각을 통해 물질이 들어가며 축적되어 소화된다."[3] 포퍼는 주관적이고 객관적인 두 가지 지식이론을 구별하여 우리에게 소개해준다. 후자는 "우리 이론의 논리적 내용, 추측과 추정으로 구성되어 있으며, 객관적 지식의 사례는 도서관에 저장된 저널과 책에 발표된 이론들, 그런 이론들과 관련하여 지적되는 난점들과 문제들 등이다.[4] 포퍼 혼자 "컨테이너 메타포"를 비난하는 것은 아니다.[5]

나는 포퍼의 비판을 대부분 동의하지만 한 단계 더 나아가서 정보와 지식을 구별하는 것이 유용하다고 생각한다. 나는 **정보**를 어떤 표상과 앎을 야기하는 성향을 가진 저자에 의해 얻게 되는 인간의 결과물이라고 생각한다. 따라서 포퍼가 주장하는 "저널과 책으로 출판되고 도서관에 저장된 이론"은 정보를 구성하며 자체만으로 지식을 구성하지 않는다. 그림과 스케치는 정보를 구성한다. 하드웨어의 원형적 조립은 기계일 뿐만 아니라 정보이다. 컴퓨터 프로그램, 다양한 방정식, 상세 목록, 블록 다이어그램, 마지막 제품은 어떤 맥락에서 정보의 양식으로 간주될 수 있다. 물론 교과서는 지식이 아니라 정보를 포함한다.

정보는 재료**이다**. 정보는 조금도 손실 없이 운반되고 이곳에서 저곳으로 이동되며 배분되며 재생산되며 매우 정확하게 이루어진다. 언어적 표현은 기록되어 고정되면 정보가 된다. 시간 속에 결빙되면 언어적

---

3   Popper, K. R. *Objective Knowledge: An Evolutionary Approach*, Oxford, Clarendon Press, 1973, p. 60

4   위의 책, p. 73.

5   Couclelis, H., ˝Bridging Cognition and Knowledge˝, *Rethinking Knowledge: Reflections Across the Disciplines*, Goodman, R. F, & Fischer, W. R. (eds). Albany: SUNY Press, 1984.

표현은 배분될 수 있으며 재생되고 다른 형태의 정보로 해석될 수 (그리고 잘못 해석될 수) 있다. 당신은 한 그림에 정보를 부가할 수 있으며 제거 키를 눌러서 정보를 제거할 수 있다. 어떤 맥락에서 그리고 어떤 목적을 위해 우리는 정보를 질서정연함의 정도로 측정할 수도 있다.

어떤 앎이 현안의 특정 지식에 의해 유발되느냐 하는 것은 단지 부분적으로 저자의 의도에 의존한다. 저자는 어떤 지식을 유발하려고 할 수 있으며 정보는 이 목적에 맞게 기능할 수 있지만 이것은 보장되지 않는다. 저자가 생각하지 않은 앎이 그 결과일 수 있는 가능성을 배제할 수 없다. 이것은 내가 포퍼의 "객관적 지식" 개념이 문제있다고 생각하는 이유이다. 그것은 책과 저널에 쓰였지만 토론에서 표현되지 못하고 듣지 못한 것이 모든 사람에 의해 동일하게 "해독될" 것이라는 것을 의미한다. 결국 그것은 목적이 의미하는 것이다. 그러나 교과서, 스케치, 원형 등의 저자는 만들어진 읽을거리가 자신들의 의도와 일치할 것이라고 기대하겠지만, 이것이 참이라는 것은 증명되지 않을 수 있다. 우리는 '정보가 어떻게 기능하는가' 라고 물을 수 있다. 그것은 저자의 의도와 일치하는가? 동시에 우리는 저자의 의도와 일치할 수 있지만 확장하거나 재미있게 꾸미는 창의적인 독서를 허용해야 한다. 저자는 사람들이 그것을 결코 생각하지 않았다고 실토할 수도 있다. 창조성은 낱말의 귀퉁이 주변에서 솟아나온다.

정리하면 정보의 동일한 부분이나 흐름은 다양한 사람에 의해 다양한 읽을거리와 다양한 앎을 유발할 수 있다. 내가 말하는 것의 의미와 뜻은 당신 옆에 있는 사람이 나의 말로부터 도출하는 것과 동일하지 않을 수 있다. 물론 그들 모두가 동일한 것을 알았다고 우리가 속인다고 하더라도, 한 학생이 나의 교과서를 읽은 후에 알았다고 주장하는 것은 다른 학생이 동일한 부분으로부터 배웠다는 것과 동일하지 않을 것이다. 우리는 영화를 보러 간다. 당신은 영화의 사건을 예시되는 것으로 간주하며 다음에 진행될 것을 알고 있다. 나는 아직 자고 있지 않지만 이것을 전혀 알지 못한다. 손수 만드는 제품 예를 들어 뒤뜰 바베큐의 조립 설명서는 한 사람에 의해 한 방법으로 해석될 수 있으며 그의 형제에 의해 다른 방법으로 해석될 수 있다.[6] 만일 성공적이라면 모두 그 방법을 알고 있다. 비트겐슈타인은 나에게 그 시리즈를 지속하고 수의 나열에 포함된 정보에 기초하여 추정하기를 요구한다. 나는 한 방법으로 진행하지만 그는 다른 방법으로 진행한다.[7] 그리고 클리포드 게르츠는 외국 땅에서 윙크할 때 조심해야 한다는 것을 나에게 확인시켜주었다.[8]

지식을 생산하는 것과 앎을 유발시키는 것에는 의도가 중요한 반면, 저자가 자신의 작품에 어떤 노력을 하든, 해석된 의미는 의도한 것이 아닐 수 있다. 물론 이것이 항상 참은 아니다. 일반적인 토론 대부분이 기준, 문화적으로 물든 형식과 표현에 의해 진행되기 때문에 저자는 많은 표준적인 설정과 상황에서 정보로서의 의도에 형식을 부여하는 노력을 거의 할 필요가 없다. 썰(Searle)의 언어행위 분석은 모두 일반적인 형식에 대한 것이다.[9] 그러나 상황이 새로울 경우와 의도가 표준적이지 않으며 근거가 충분하지 않을 경우 — 새로운 디자인의 경우처럼

---

6   Pirsig, *Zen and the art of Motorcycle Maintenance*, New York: William Morrow, 1984.

7   Wittgenstein, L., *Lectures on the Foundations of Mathematics*, Cambridge, 1939, Diamond, C.,(ed), Chicago:University of Chicago Press, 1976.

8   Gertz, C., *Thick Description: Toward an Interpretative Theory of Culture*, New York: Basic Books, 1973.

9   Searle, J., *Speech Ats: An Essay In The Philosophy of Language*, Cambridge: Cambridge University Press, 1969.

— 의도를 우리가 원하는 앎을 유발하는 정보로 변형하는 일은 실재적
이며 매우 어렵고 중대한 일이 된다. 저술은 결코 가벼운 일이 아니다.

정보와 지식을 구분함으로써 앎(knowing)처럼 지식은, 유발하는 사
람들과 알게 된 사람들의 입장에서 때맞춰 행동을 요구하는 사건으로
간주된다. 동일한 정보, 예를 들어 인공물, 그림, 사진, 신호도 두 가지
다른 시간적 지점에서 다른 사고와 앎을 유발할 수 있다. 뉴턴의 공리
는 그런 현상의 결과로서 어떤 해석을 유발했고, 그 공리는 겉으로 보
이는 모든 천체의 움직임을 계산하고 이해하는 방법을 제공했다. 오늘
날 뉴턴의 공리는 모든 천체 현상뿐만 아니라 모든 지상의 현상에 대한
지식의 기초를 제공한다. 17세기 힘의 개념은 오늘날과 다르게 이해되
고 사용되었다. 그러므로 질량의 개념도 마찬가지이다.[10] 뉴턴과 그의
동시대인들이 오늘날의 과학자와 공학자들이 하는 것과 동일한 방식으
로 이런 개념들을 "알고 있었다"고 주장하는 것은 잘못이다.[11] 그런데,
이것은 다른 역사적 시기에 전개된 이해의 차이에 대한 언급의 구조틀
을 우리가 가질 수 없다거나 갖고 있지 않다고 주장하는 것은 아니다.
우리의 거대한 세계는 공약불가능하지 않다. 더구나 우리는 뉴턴이 오
늘날 응용기계 공학자들과 다른 대상세계(힘, 위치, 속도, 충격, 운동
량의 세계)에서 연구했다고 주장할 수 있다. 그리고 우리가 항상 오늘
날의 관점에서 시대에 뒤떨어진 비교를 할 수 있는 반면, 동시에 우리

---

10   Jammer, M., *Concepts of Force: A Study in the Foundations of Dynamics*,
New York: Harper, 1962.

11   이론은 시간이 흘러가면서 변화한다. 콰인은 이론과 경험적 사실의 혼합을 가장
자리를 따라서 경험에 영향을 주는 합성섬유로 생각한다. Quine, W. O. "Two Dog-
mas of Empiricism", *From a Logical Point of View*, Cambridge MA, Harvard Uni-
versity Press, 1953. 핵심은 신성하게 남아있을 수 있지만 인테리어에 영향을 주면서
주변에 많은 땜자국을 남길 수 있다.

는 사물을 다르게 보는 것이 얼마나 어려운가 하는 점을 실토해야 한
다. 어떤 역사적 설명이 저자의 의도에 얼마나 충실하냐, 매우 똑같은
것인데, 모두가 보고 읽을 수 있는 충분한 정보가 있더라도 뉴턴역학의
역사적인 본질을 정말로 회상할 수 있느냐에 대해 우리는 의심할 수 있
다. 주장하는 과정에서 다른 역사적 시기를 병렬시킬 필요가 없다. 동
시대에 사는 두 명의 과학자는 한 명제의 의미를 매우 다르게 해석할
수 있다.

　다양한 사람들이 동일한 정보에 접한 이후 다른 지식을 가질 수 있다
는 생각과 함께, 정보와 지식을 분리함으로써 나는 인공물이 지식을 전
달하거나 포함한다고 주장하는 사람들과 조화를 이룰 수 있다. 이런 관
점에서 "사물지식(Thing Knowledge)"[12]은 우리가 손 안의 자료로부터
읽는 것이다. 그러나 다양한 사람들에 의해 다양하고 피상적이고 깊고
잘못된 해석이 또 있을 수 있다.

　마지막으로 공학적 지식과 과학적 지식을 구분하는 시도는 교과서와
다른 형태의 정보 비교를 넘어서 진행되어야 한다고 결론내리는 것은
자연스럽다. 공학자가 **하는** 것과 과학자가 **하는** 것에 대한 고려를 통해
서만 우리는 공학자가 **아는 것**과 과학자가 **아는 것**을 구분할 수 있게
된다. 많은 공학적 정보는 과학자가 이용할 수 있고 믿을 수 있는 정보
와 동일한 모습을 갖고 있으며, 이런 점에서 동일하다. 그러나 공학자
가 아는 것과 과학자가 아는 것이 그곳에서만 드러나지 않는다. 과학적
지식을 적용하는 공학자에 대해 언급할 경우 그것으로부터 눈을 떼서
그것이 어떻게 그리고 왜 그리고 언제 적용되느냐를 살펴보는 것이 제

12　Baird, D., "The Thing-y-ness of Things: Materiality and Spectrochemical
Instrument, 1937-1955", *The Empirical Turn in the Philosophy of Technology*,
Kroes, P., and Meijers, A.,(eds), Elsevier, 2000.

일 좋다.

구조적인 공학의 대상세계

공학자들은 다양한 종류의 상황에 직면한다. 그들은 다양한 스케일과 복잡성에 있어서 각기 다른 일들을 수행하며, 그러한 점에서 그들은 각 분야마다 다양한 책임과 능력과 관심을 갖고 있다. 각 분야들의 경계는 모호해질 수 있다. 어떤 엔지니어는 과학자처럼 연구**한다**. 다른 과학자 는 매니저처럼 연구한다. 어떤 사람들은 매일매일 하드웨어와 밀접하 게 상호작용하며 다른 사람들은 환상 같은 대상을 소프트웨어로 다룰 뿐이다. 그러나 신뢰할 수 있는 공학학위를 가진 사람들은 모두 중요한 것 한 가지 과학에 기반한 대학교육을 공통적으로 공유한다.[13] 이것은 그들이 어떤 분야에 있든 그들의 사고와 지식과 행동의 틀을 결정한다. 이 절에서 나는 특정한 분야, 기계공학, 도시공학, 항공우주공학의 대 학 프로그램에 공통적인 것 즉, 내가 가장 익숙한 특정 분야 즉 구조역 학에서 대상세계 사고와 실습에 초점을 맞추었다.

물리적, 물질적 구조체에는 다양한 종류가 있다. **트러스 구조**(우리는 이전 장에서 그것을 살펴보았다). 보(beam) 성분으로 만든 **프레임 구 조**가 있으며, **케이블 구조, 플레이트 구조, 쉘 구조**가 있다. 이 모든 여 러 가지 구조체들이 외부 하중을 받게 되는 경우, 내부력과 응력을 받 아서 굽어지고 변형된다. 그것들은 진동하면서 일정한 주파수를 가지

---

[13] 이하에서 살펴보겠지만, 이것은 다른 사람들이 학위 없이 형식적으로 교육받은 사람으로 알고 생각할 수 있는 가능성을 포함하고 있다.

고 공명하며 흔들린다. 그것들은 또한 부서질 수 있으며 플라스틱처럼 녹는 경우도 있으며, 부식되고 금이 갈 수 있으며, 주기적인 하중 — 피로현상 — 때문에 파괴될 수 있다. 그것들은 에너지를 흡수할 수 있으며, 자동차 디자인에 충격내구성이라는 조건을 고려할 수 있다. 그것들은 열을 받을 때 팽창하며, 이것들은 그 구조가 지나치게 구속될 경우 과도한 내부 응력을 발생시킬 수 있다.

특정한 맥락 안에서 구조를 디자인할 때 적어도 이런 현상의 일부는 언급되어야 하며, 움직임에 대한 설명이 있어야 한다. 만일 내가 주어진 양의 최종부하를 외팔보의 끝에 적용하면 그것은 부서지는가? 그것은 어느 곳으로 부서지는가? 만일 그것이 파손되지 않으면 그 끝은 얼마나 굴절될 것인가? 만일 나의 설계가 재질의 피로현상 때문에 파괴되지 않는지가 의심된다면 나는 어떤 테스트를 진행하고 나의 설계를 검증해야 하는가? 음료수 캔의 벽면 두께를 얼마로 해야 내부압력이 있고 캔을 딸 때 손으로 꽉 잡는 상황에서 캔이 끄떡없을까?

이렇게 유사한 질문에 대해 기본이론, 탄성의 수학이론이 있다. 아마 나는 "수학이론"보다 "이론틀"이라고 말해야 할 것이다. 탄성의 수학이론이 **있다**. 그러나 이것은 모든 질문들이 언급되며 탄성이론으로부터 문제의 현상들에 적용가능한 특정법칙을 법칙연역적으로 엄격하게 도출하여 모든 문제들을 풀어야 한다는 것을 말해준다. 원리상 이것은 가능한 반면, 문제를 이런 식으로 상상하는 것은 특정이론의 역사적 기원, 규칙과 도구적 관계가 실제로 재해석되는 방법을 전체적으로 위반하는 것이다.

완전 탄성이론은 공과대학, 보통 상급학년과 학부수준에서 가르치고 있지만 대학원생들은 특정한 구조요소와 형식 연구, 예를 들어, 트러스, 케이블, 보(beam)와 프레임의 작동을 분석하면서 도입되는 동일한 개념과 이론을 알고 있다. 이 이론은 표준적인 맥락에서 설계된다.[14] 내부 역사는 쓰여졌다.[15] 우리가 의지하는 거인들은 뉴턴과 갈릴레이 뿐만 아니라 베르누이, 오일러, 라그랑쥬, 라플라스, 푸아송, 나비에, 코시, 영, 스토크스 그리고 그 이외의 사람들을 포함한다. 이것은 핵심이며, 수리과학적 문제이다.

공과대학의 교육이 이론의 전 범위를 다루지 않고 이론의 역사적 발전에 대해 거의 언급하지 않지만 정역학과 재료역학, 고체구조역학, 탄성이론뿐만 아니라 공학의 구조역학의 전 과정은 동일한 이론적 대상, 힘, 모멘트[16], 응력, 변형률, 변위를 말하며 세 개의 기본조건을 다시 언급한다. 기본조건은 변형력과 변형률과 관련된 힘과 모멘트의 평형, 변형적합성, 구성방정식을 말한다.

이어지는 부분에서, 나는 엔지니어들이 이 새로운 틀 내에서 생각하고 노동하는 방식을 예시하고 실패를 예측하고 진단하며 자신의 계획을 정당화하는 과정에서 사용할 개념과 원칙을 제시하고자 한다. 나의 목적은 엔지니어들이 지식을 얻어가는 방식의 본질을 해명하고 이론적 대상과 법칙과 주장들이 수학적 표현과 방법과 어떻게 혼합되는지 그리고 사고과정과 공학과정에서 실제구조의 관찰되거나 때로는 측정된 작동(behavior)과 어떻게 혼합되는지를 탐구하는 것이다. 나는 공학교과서, 역사적으로 중요한 소논문, 도구의 디자인과 개발과 제작과 사용

---

14   Timoshenko S., and Goodier, J. N., *Theory of Elasticity*, 2nd ed., New York: McGraw-Hill, 1951.

15   Todhunter J., and Pearson K. *A History of the Theory of Elasticity and of the Strength of Materials*, Cambridge: Cambridge University Press, 1886.

16   moment: 물체의 회전운동에서 물체를 회전시킬 수 있는 능률을 말한다. 물리적 표현에서 모멘트는 주로 힘과 결합하여 회전력을 기술할 때 힘의 모멘트가 회전력(torque)이다. _옮긴이주

에서 사례를 발췌하려고 한다. 나는 엔지니어가 사용하는 언어와 엔지
니어들이 구성하는 이야기(다른 사람뿐만 아니라 그들 자신에 의해 혼
자 일하는 성찰적인 방식에서 지식을 유도하는 이야기)에 특히 주목하
고자 한다. 나는 "과학"이 포함된 이야기가 어떻게 작용하는가를 탐구
하는 일에 흥미를 느낀다. 이런 사례를 통해 우리는 그들의 지식 주장
에서 근본적인 것이 무엇인가 그리고 그들이 자신의 디자인을 어떻게
정당화하는가에 대해 알기 시작한다. 우리는 또한 정보가 어떻게 다양
한 방식으로 해석되고 확장되고 코드화되고 기록되는가를 발견한다.

공학교과서

나의 첫 번째 사례는 우리의 주제와 관련해서 매우 유명한 교과서에서
가져온 것이다.[17] 그것은 **입자의 고립계로서 보았을 때 고체의 정적 평형
에 대한 필요조건 유도와 관련이 있다.** 그것의 목적은 고립계가 정적 평
형상태를 반드시 유지하기 위한 근본 원리와 관련되어 있으며, 더욱 근
본적인 모습, 우리가 뉴턴의 법칙을 적용하는 입자의 집합으로서 물체
의 모양으로 돌아가는 것이다.

 이미 나의 언어는 불명료하고 코드화되어 있다. 공학교과서에 주로
나타나는 정보는 이렇게 독자들을 혼란스럽게 할 수 있다. 그 용어들은
수학적 표현임에도 보통의 언어처럼 보인다. 그리고 이 모습은 매우 단
순하게 보이지만 무엇인가 이상한 것으로 보인다. **평형, 입자, 물체, 뉴**

17 Crandall, Dahl, & Lardner, *An Introduction to the Mechanics of Solids*, Second Edition, McGraw-Hill, 1978, p. 15.

턴 같은 용어들은 모두 친숙한 용어들
이다. 그러나 그것들이 사용되는 방식
과 복합적으로 표현될 때는 다르다. 이
러한 표현은 정적 평형이 가능할 뿐만
아니라 필요한 추상적, 무시간적, 깨끗
하고 적절한 세계다. 매우 단순한 그림
의 세계는 내용에서도 최소한 방법으

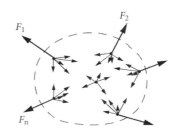

그림 4.1 외부력과 내부력을 보여주
는 입자의 고립계

로 기술되지만, 모두 수동태로 기술되어 있다. 여기에는 인간 행위자는
없고 오직 중력과, 연속성과 평형이 있으며 다양한 물체들이 있다. 아
래 이어지는 부분에서 나는 우리가 이 세계에 들어와서 나가게 될 때
독자들이 알게 될 형태의 교과서의 부분을 이탤릭체로 표시했다.

우리의 이야기를 위의 그림과 함께 시작해보자.[18] **대시선은 입자의 고
립계의 경계를 나타낸다. 물체 외부에 있는 세계와의 모든 상호작용은
힘의 벡터[19](모멘트 벡터)로 나타냈다. 이러한 고립에 의해서 물체에 작
용되는 힘을 벡터로 표시한다.** 여기서부터 우리는 그 밖의 세계에 대해
서는 논외로 할 것이다.[20]

경계 안에서 우리는 여섯 개의 입자를 볼 수 있다. 이 입자들은 매우
작지만 어떤 색깔도 어떤 형태도 어떤 크기도 갖고 있지 않다는 점에서

18　나는 나의 관심이 넓다는 점에서 저자의 의도를 넘어서는 텍스트 해석을 생각해
본다. 동시에 나는 저자의 의도와 학생의 해석이라는 그림을 그려보고 싶다.

19　비트맵 방식과 벡터 방식: 컴퓨터 그래픽 구현방식으로 비트맵 방식은 화소(Pix-
el)라고 부르는 작은 점들의 2차원 배열을 이용한 영상 이미지를 저장하고 표현하는 방
법을 말한다. 벡터 방식은 수학식을 이용하여 단순한 패턴이나 도형으로 이루어진 이미
지를 저장하는 방식이다._옮긴이주

20　이것은 "제어볼륨(control volume)"의 사례이며, 월터 빈센티가 공학적 사고에
특유한 것으로 간주하는 개념이다._옮긴이주

특징이 없다. 동시에 그 입자들이 어떻게 작용하며 집합적인 움직임이 어떻게 상호작용하느냐에 따라서 그 입자의 형태는 결정된다.[21] 그러나 우리의 설명에는 형태, 색깔, 크기는 필요 없으며 단지 "미세함"만 의미가 있다. 그러나 후자의 경우에 측정의 문제가 언급되지 않은 채 남아있다. 그 입자가 갖고 있는 것은 그 입자주변에 힘을 가한다는 성질이다. 그것은 **중심력**이다.

물론 고체에는 여섯 개 이상의 입자가 있다. 일반적으로 우리는 **연속체가 무한한 입자를 갖고 있다고 생각한다. 연속체 내의 각각의 입자는 예를 들어 중력과 같은 외부 힘의 작용을 받는다. 어떤 것들은 외부적으로 작용하는 다른 힘을 받는다. 모든 것들은 다른 입자 때문에 내부력의 작용을 받을 것이다. 내부력은 뉴턴의 법칙에 의해서 같은 크기의 반대의 방향의 힘을 받는다(작용과 반작용 법칙).**

입자의 무한성을 고려하지 않는 것은 "다른 조건이 동일하다면"이라는 형식, 즉 다른 모든 입자들도 여섯 개의 입자들의 움직임과 같이 움직인다고 생각하는 형식이다. 사실 단지 여섯 개만을 고려하는 것에는 특별한 의미가 없다. 저자들은 세 개, 네 개 또는 여섯 개 이상의 것을 고려할 수도 있다. 그러나 고체나 그 구성성분의 속성으로 묘사될 수 있는 것은 무엇이든 조그만 입자에 의해서 또는 상호작용하는 힘들에 의한 대략적 기술을 제외하고, 평형의 필요조건을 확립하는 것과 무관하다는 의미에서 또 다른 종류의 "다른 조건이 동일하다면"이 있다.[22] 물론 관련없는 것은 속성과 사물들의 무한성을 포함한다. 나머지 세계

---

21   18세기 후반기에 대부분의 학자들은 다양한 물질의 서로 다른 성질은 물질을 근본적으로 구성하는 입자의 모양 차이에서 비롯되었다고 가정했다.

22   우리는 여기에서 물질의 "현실적인" 원자구조 — 그것은 다른 대상세계이다 — 에 대해 말하고 있다는 것을 주목하라.

에서 중요하지 않은 모든 것을 서술하는 하는 것은 가능하지 않다. 교과서의 설명은 대부분의 세계가 무관하다는 것을 독자들이 이미 이해하는 것으로 간주한다. 학생들은 물리학과 수학에 대한 공부를 통해 공업역학의 이런 대상세계 내용에 대해 이미 알고 있다. 그들은 이 세계에 어떤 종류의 존재가 허용되는지를 이미 이해하고 있음에 분명하다. 즉, 그들은 이 언어의 기본에 대해 이미 언급하고 있음에 분명하다.

이제 다시 뉴턴의 법칙에 의한 정적 평형에 대해 각 입자에 대해 작용하는 모든 힘의 합이 분명히 사라지기 때문에, 그림에서의 경우에서도 모든 힘의 합이 분명히 서로 사라지는 것을 볼 수 있다. 그러나 모든 내부력은 동일하고 반대의 방향에서 쌍으로 발생하기 때문에 그것들의 합은 0이다. 따라서 아래 식의 경우처럼 결과적으로 외부력의 벡터합은 0이 된다.

$$F_1 + F_2 + \text{........} + F_N = \sum_j F_j = 0$$

이 과정에 매혹적인 부분이 있다. 물체 쌍들의 내부력의 상쇄성을 도입하고 부가함으로 우리는 외부력들이 만족시켜야 하는 정적 평형의 첫 번째 조건을 도출할 수 있는 것 같다. 평형조건 0(nothing)을 도입한 것은 우리에게 무슨 의미가 있는가? 아니면 왜 고생을 하는가? **평형일 경우 외부력의 벡터합이 0임에 분명하다**는 조건을 우리는 왜 결코 받아들일 수 없는가? 존경받는 비판가는 이런 식으로 주장했다.[23]

계속해서, **임의의 점에 관한 모든 힘의 전체 모멘트를 고려하면 임의**

---

23 Truesdell, C., "Whence the Law of Moment of Momentum?", *Essays in the History of Mechanics*, Springer-Verlag New York Inc., 1968.

의 점에 관한 모든 외부력의 전체 모멘트는 0이어야 한다는 결과가 얻어
진다.

$$r_1 \times F_1 + r_2 \times F_2 \ldots + r_n \times F_n = \sum_j r_j \times F_j = 0$$

여기에 바로 **강체**(*rigid body*)의 정적 평형의 두 가지 조건이 있다.

평형 방정식의 단순성(힘과 위치라는 두 가지로 다룰 수 있는 두 종
류의 존재 뿐이라는 단순성)을 주목해야 한다. 이 단순성은 그림에서
고체가 입자로 구성되어 있다는 것을 보여주지 못한 것과 상응한다. 이
런 수학적 관계는 강체의 정적 평형에 대한 필요조건을 설명하기 위한
그림 및 설명과 서로 관련되어 나타난다. 그 방정식만으로는 충분하지
않다. 너무 애매하다. 우리는 무엇에 관해 이야기하고 있는가? 그 그림
만으로는 충분하지 않다. 너무 빈약하다. 뉴턴의 법칙만으로는 충분하
지 않다. 너무 일반적이다. 그러나 이 모든 것들, 경계, 외부력 및 기준
위치, 나머지 세계에 대한 전제들은 일관성이 있고 유용한 이야기를 만
든다.

이것은 어떤 종류의 지식인가? 확실히 추상적이며 너무 보편적이다.
수동태를 사용하고 인간 행위자가 사용되지 않음으로써 그런 지식이
공통적으로 받아들여진다는 것을 확인해준다. 그것은 능력과 신념과
올바른 시각을 가지고 언어를 배우고 세계로 들어오는 사람들이 그런
용어로 생각할 수 있는 어떤 구조를 분석하고 진단하고 디자인할 수 있
도록 해주는 도그마, 기본원리와 원칙으로서의 의도를 갖고 있다. 그것
은 만일 학생이 **고체의 평형조건 두 가지**를 배운다면 공업의 구조역학
과정에서 접하게 되는 문제해결에 필요하고 충분한 것이 무엇인지를
알게 된다는 것을 의미한다.[24]

모든 교과서가 정적 평형의 두 가지 조건의 도출과정을 제공하지 않
지만, 다른 저자들의 의도도 바로 그런 부족한 개념들과 법칙들의 능
력과 일반적인 적용가능성을 드러낸다는 점에서는 동일하다. 그것은
최상의 환원이며, 역학의 세계 안에서 분석을 위해 효율적이며 매우
포괄적인 토대를 제공한다. 여기에는 사고의 경제원칙이 증명되어 분
명히 존재한다. 우리는 하나의 기본법칙을 가지고 미지의 입자를 설명
할 필요가 있다. **고체의 평형은 입자에 작용하는 힘의 평형의 결과일 뿐
이다.**

물론 교과서는 학습목적으로 쓰인다. 어떤 교과서는 "응용" 지향적
인 성향을 갖고 있고 다른 교과서는 "이론" 지향적 성향을 갖고 있다.
교과서의 스타일은 시간에 지남에 따라 변화하는 반면 이론은 현재를
지속적으로 유지하려고 할 가능성이 높다. 교과서가 기본적이라고 생
각하는 것에 대해서 역사적이고 철학적인 기초에서 생각하는 사람은
있다고 해도 극히 일부밖에 없다. 왜냐하면 공학 지식은 새로운 것을
실천하고 만들고 생산하는 것이 목적이기 때문이다. 공학 지식의 초점
은 과거에 있지 않고 우리가 지금 당면하고 있는 것에 있다.

이론의 역사적 발전

모든 교과서는 어떤 원리에 대한 유도과정을 자세하게 소개하지 않는
다. 사실 그러한 방법이 옳은지에 대해서는 여러 가지 이유에서 의문이
생긴다. 나는 한 비평가의 불만을 이미 언급했다. 나는 조금은 다르게

---

24   변형과 구성관계식의 조화의 다른 조건은 학습해야 할 것으로 남아있다.

관련된 방식에 관심을 둘 것이다. 그렇다고 두 가지 평형 조건이 "참"
이 아니라는 것은 아니다. 모든 학생들은, 공업역학에서 풀어야 할 연
습문제가 있다면 그것이 기본문제인지, 응용문제인지를 알아야 한다.
상호작용하는 입자의 상을 변형될 수 있는 고체의 움직임의 이론적 표
현으로 간주하게 되면 당신은 혼란에 빠질 수 있다. 외부력이 있는 입
자모형에는 이 그림에 나타난 내용이 적용하지 않는다. 외부력에 종속
되며 점차적으로 변형되는 입자의 집합체에는 그 그림이 적용되지 않
는다. 우리는 변형된 상태에 모든 입자의 변위를 결정하려고 한다.

나비에(Navier)는 1821년에 이것을 시도하였다. 그가 모델로 삼은
것은 그 그림과 일치하고 변형가능하고 탄력있는 고체였다. 그는 (자
신이 분자라고 불렀던) 임의의 입자를 관찰하였으며, 다른 주변의 입
자의 힘과 그 입자가 따를 수밖에 없는 외부력 때문에 그 입자의 평형
을 고려했다. 이제까지 모든 것은 교과서의 그림과 일치하고 있다.[25]

그는 또한 그 입자들이 각각 상대적으로 움직이면서 그 물체도 변형
된다고 보았다. 그는 하나의 고립계에 다른 입자에 의해서 작용되는 힘
이 둘 사이의 거리의 변화와 선형적 관계에 있다고 가정했다(나비에는
여기에서 훌륭한 공학적 감수성을 보여주고 있다. 먼저 선형적 관계를
살펴보고, 왜 그렇게 생각하는지를 생각해보라). 그는 힘의 법칙이 무
엇인지를 몰랐으며 힘의 크기는 입자 사이의 거리 변화뿐만 아니라 입
자 사이의 원래 거리에 의존한다고 가정했다. 사실 그는 라플라스를 따

---

25 Navier, C. L. M. H., "Memoire sur les lois de l'equilibre et du mouvement
des corps solides elastiques", *Mem. Acad. des Science*, 1824. 나비에는 라그랑쥬의
영향을 받아서 어떤 그림도 포함하지 않았다. 이것은 그림의 엉성함 때문에 그림이 제
거되거나 서술적 텍스트로 대체된 것 때문만이 아니라 라그랑쥬가 역학을 분석주제로
강조한 것이 이론의 도출이나 실례를 완성하기 위해 그림상의 표현을 요구하지 않았기
때문이다. 그것은 그의 요점이었다.

라서 그것은 "**느낄 수 없는 거리에서 알 수 있을**" 뿐이라고 가정했다. 이것 때문에 그는 고체의 경계를 생각하지 않게 되었고 그의 주장대로 정확한 결과를 준 무한적분에 의해 합산을 대치할 수 있었다. 분자의 변위 성분 (여기에서 u, v, w로 표시되고 있다)에 대한 방정식에 알려지지 않은 힘의 법칙으로 남아있는 모든 것은 상수 λ로 하였다. 그의 결과는 현대적 기호로 표현하면 다음과 같은 형태를 갖는다.

$$2\lambda \cdot \frac{\partial}{\partial x}\left(\frac{\partial u}{\partial x} + \frac{\partial v}{\partial y} + \frac{\partial w}{\partial z}\right) + \lambda \cdot \left(\frac{\partial^2 u}{\partial x^2} + \frac{\partial^2 u}{\partial y^2} + \frac{\partial^2 u}{\partial z^2}\right) + F_x = 0$$

이 방정식은 탄성이론에 관한 교과서에 나타나는 선형적 탄성의 균질 등방성 물체에 대한 변위로 표현된 평형 방정식과 매우 유사하게 보인다. 여기에는 단지 한 가지 근본적인 잘못이 있다. 이 방정식에는 오직 하나의 상수 λ가 있다. 오늘날의 이론에는 두 개의 독립적인 탄성상수가 있다. 그 방정식은 아래의 형식을 갖고 있다[26].

$$(\lambda + \mu) \cdot \frac{\partial}{\partial x}\left(\frac{\partial u}{\partial x} + \frac{\partial v}{\partial y} + \frac{\partial w}{\partial z}\right) + \mu \cdot \left(\frac{\partial^2 u}{\partial x^2} + \frac{\partial^2 u}{\partial y^2} + \frac{\partial^2 u}{\partial z^2}\right) + F_x = 0$$

나비에의 방정식은 비판을 피할 수 없었다. 근래에 와서는 그가 불연속 힘에 대한 합산을 연속체에 대한 적분으로 변경시키는 방식에서 잘못이 발견되었다. 그러나 이러한 불만을 나타낸다고 해서 곧바로 다른 상수가 도입되는 것은 아니다(그것은 더 개선된 내용도 아니다). 우리는 나비에 이론에서의 결함이 실험을 하는 중에 발견되었을 것이라고

---

26   Timoshenko and Goodier, 앞의 책, p. 233. 나는 3 개의 방정식 중 하나만을 제시하는데, 하나는 힘의 평형을 표현하는 방정식이며 세 개의 공간적 수준들 중의 하나이며, 여기서 "x"로 표시된다. 다른 두 개의 방정식은 동일한 형식을 갖는다.

생각할 수 있다. 아직도 이것은 불가능하지는 않지만 매우 가능성이 낮은 것으로 생각되었다. 왜냐하면 나비와 관련된 내용은 두 개의 상수 λ와 μ를 동일하게(많은 일반적인 구조재에도 거의 틀림없는 동치라고) 했을 때 정확하게 되기 때문이다. 변위에 의한 힘의 평형에 대한 "정확한" 방정식은 나비에가 연구소에 논문을 발표한 이후 그리 오랫동안 인정받지 못한 반면, 많은 독립변수인 탄성상수에 대한 논쟁은 19세기 내내 지속되었다.

나는 나비에가 어떻게 오류를 범했으며 왜 오류를 범했는지, 그것은 무엇을 의미하는지, 정확한 이론이 점차 어떻게 진화하는지를 합리적으로 재구성하려는 것이 아니다.[27] 언급할만한 가치가 있는 것은 그가 사용한 기본적인 물리적 원리와 수학적이고 해석적 내용의 관계(이는 **느낄 수 없는 거리에서 알 수 있는 힘들**의 관계)이다. 수학적 내용은 세련되었으며 최근의 것이다. 물리학원리는 너무 단순하고 너무 신비스러워서 아무런 성과도 내지 않는 것 같다. 그러나 거기에는 많은 것이 있었다.

라플라스는 이 원리를 그와 그의 제자가 넓은 범위에 대한 현상에 대한 분석과정에서 유용하게 사용하였기 때문에 존경받는 저자였다. "정확한" 설명과 자극 때문에, **유용한 해석을 위해, 어떤 거리를 가진 입자들 사이에서 두 입자들 사이에 작용하는 힘은 정확하게 의존한다는 사실을 우리가 알 필요가 없다**는 것을 독자들은 이해하게 될 것이다. 또다시 마술적이다. 외부적으로 작용하는 힘에 종속되는 탄성고체의 변형을 정합적이고 논리적으로 일관성 있고 유용하게 설명하기 위해, 내부력

---

27 Bucciarelli L.L. and Dworsky, N., *Sophie Germain: An Essay in the history of the theory of elastiity*, Reidel, 1980. 참고.

의 본질과 근원, 거리, 크기, 분자의 형태에 따라 변화하는 과정의 세밀한 부분에 빠져있을 필요가 없다는 의미에서 우리는 "무"를 가정하는 것 같다.[28]

탄성이론, 변형가능한 고체의 정확한 이론 과정에서 현대의 교과서가 이루어낸 발전은 동일한 보편성을 드러냈지만 고체에 대해 매우 다양하게 서술하였다. 이 이론은, 주로 나비에의 동시대인 코시(Cauchy)에 의해서, 탄성고체를 균일한 연속체로 간주한다. 여기에는 어떤 분자도 없고, 어떤 모양이나 크기의 입자도 없다. 내부력은 입자 사이에 작용하는 힘이 아니라 압력처럼 응력, 단위면적당 힘으로 해석된다. 예를 들어, 물체 내의 한 점에서의 인장응력은, 아주 작은 한 면적과 미분 면적소에 수직 작용하는 힘의 극한비율로 정의된다. 만일 우리가 극한으로 면적을 계속 작게 하면, 궁극적으로는 원자크기 단계에 이를 것이며, 분자, 원자, 미세입자계, 윤활면 등으로 이루어진 물질세계에 놀랄 것이다. 어쨌든 우리 엔지니어들은 입자들을 생각하지 않은 이미지를 이용하여 그것을 가지고 유용하게 작업한다. 그것은 구조의 디자인과정에서 대상세계 분석에 필요할 뿐만 아니라, 과학자는 탄성이론을 과거의 문제로 생각하는 반면, 새로운 구성과 혼합으로 이루어지는 새로운 물질의 움직임에 의해 종종 자극되는 새로운 확장과 해석은 그 분야의 연구를 독려한다. 보편자, 일반개념과 소수의 원리에 의해 말하려는 욕구는 엔지니어 사이에 실재하는데, 이것은 과학적 진리에 대한 갈증

---

28   "힘"의 개념은 과학자의 사고를 종종 방해해왔다. 버리기 매우 어려운, 의인화하는 경향 이외에, 그것은 신비스러운 성격을 갖고 있는 것처럼 보였다. 우리가 수학적 표현에 더 투자하고, 밀고 당기는 일반개념에 의해 자극받은 물음들을 제거하는 물리적 의미에 덜 투자하면 할수록 이것들은 덜 귀찮고 덜 성가시게 된다. H. 헤르츠는 그 개념을 함께 제거하는 것을 좋아했을 것이다. Hertz, H., "Introduction", *The Principles of Mechanics*, New York, Dover Publication, 1956(1985).

이 아니라 실제구조의 움직임을 예측하는 일과 함께 수행하는 매우 풍요롭고 표현력 있고 효율적인 언어에 대한 필요성을 반영한다.

이러한 점에 과학자와 엔지니어 사이의 이론적 지식에는 의미있는 차이가 존재한다. 과학자는 자연현상(자연을 제외하고 남은 것)의 설명에 관심을 갖고, 엔지니어는 이미 존재하는 것을 이해하는 데 관심을 갖는다. 이러한 차이로 엔지니어는 자신들이 생각하고 디자인하고 만든 이론의 인식론적 상황에 대해 공평한 견해를 가질 수 있다. 그들의 입장은 실용주의적이다. 검증은 자신들의 생산물이 예측과 일치하여 잘 작용하느냐의 문제이다. 그러므로 그들이 연속체로서 구조적 요소의 추상적인 수학표현으로부터 구조의 움직임에 대한 유용한 관계를 연역할 수 있다면 그것으로 충분하다. 그들은 다음과 같은 표현에 매우 만족해 한다. 보(beam)는 분자, 원자, 기본입자로 이루어진 연속체**처럼** 작동한다. 이 모든 것은 맥락 의존적이다.

내가 고체 움직임의 두 가지 다른 표현을 병치시키는 것에 대해 비판적인 독자는 다음과 같이 반대할 수 있다. 우리 교재의 저자들은 자신들의 모델이 강체(외부에서 작용하는 힘이 작용할 때 한 입자에서 다른 입자로의 거리가 변화하지 않는 물체)에 관한 것이라고 명확히 주장한다. 그러므로 그 조건을 따르지 않는 물체에 내 주장을 적용하면 그것은 정당하지 않다. 요점은 잘 표현되어 있지만 너무 제한적이다. 만일 이 기준을 선행자들의 저작으로 학자들이 만든 독해와 외연에 적용해야 한다고 우리가 주장한다면 과학에는 정상적인 발전은 있다고 하더라도 거의 없겠지만 공학에는 발전이 있을 것이다. 더 정당한 불만족은 두 가지 매우 다른 맥락(20세기 미국 교과서와 19세기 초로 추청되는 프랑스 과학 아카데미의 논문)에서 끌어온 두 가지 경우를 혼합한 것에 대해 비판하는 것이다. 전자의 비판은 공학과 과학적 지식에서 분명하게 시간을 고려하지 않은 것이다. 이런 관점에서 문맥은 무관하다. 후자의 비판은 문맥에 정당성을 부여하며 그 이상 고려할 가치가 있다. 그러나 우리는 그것을 다음 기회로 남겨놓는다. 이제 나는 더 이전의 역사적 시점으로 돌아가서 특정한 구조부분, 외팔보의 작동에 관한 지식구성을 생각해보려고 한다.

갈릴레이와 외팔보의 구조

과학자와 엔지니어들은 갈릴레오 갈릴레이를 선구자로 여긴다. 갈릴레이는 코페르니쿠스의 이론을 옹호한 것으로 가장 잘 알려져 있다. 나는 여기에서 그의 지구 연구에 대한 많은 불운에 대해 관심을 갖고 있다. 그 불운은 저서 "새로운 두 과학에 관한 대화"중 둘째 날에서 발견된다.

그림 4.2 갈릴레이의 외팔보

저서에서 그는 보(beam)의 파괴에 관한 매우 실제적인 질문을 제기하고 있다. 이 그림은 갈릴레이의 외팔보를 나타낸다. 갈릴레이는 보(beam)가 파괴되기까지 끝 부분이 하중을 얼마나 견딜 수 있는가를 알고 싶었다(벽은 항복강도를 결정하는 데에 영향을 주지 않아야 한다. 우리는 그 벽이 파괴되지 않으며 사실상 **다른 조건이 동일하다면** 견고하게 남아있다고 가정해야 한다).

공학적으로 말하면, 갈릴레이는 그 보(beam)를 회전할 수 있는 하나의 지레로 "모델화한다". 나는 **새로운 두 과학에 관한 대화**의 헨리 크루와 알펜소 드 살비오의의 영어번역본에서 제공된 그림을 내가 이해한 방식으로 변화시켜 스케치그림으로 나타냈다.

그 지레는 한 가지 이상의 방식에서 추상화되고 이상화된 것이다. 그 지레를 강체로 생각한다면, 변형되지 않고 직선을 유지한다. 그것은 적어도 처음에는 무게가 없는 것으로 가정한다. 끝부분 C점에서의 무게는 집중하중이 있다고 가정한다. 나는 "외팔보가 차지하는 BA의 단면적이 인접하는 부분에 걸리는 파손에 대한 저항"을 왼쪽(인접하는 부분은 각기둥의 끝으로 끌어당긴다)을 향하는 화살표로 표시하였으며 그것을 R이라고 하였다. 나는 b에서 지레가 돌아갈 수 있는 지레의 받침대도 나타냈다.

지레의 평형을 위해서는 W에 대한 R의 비는 길이 ab의 1/2에 대한 길이 bc의 비와 동일해야 한다. 그것은 아래의 식과 같다.[29]

$$\frac{W}{R} = \frac{1/2 \cdot ab}{bc}$$

그러므로 만일 당신이 각기둥을 그 축을 따라 잡아당겨서, 각기둥에 인장력을 준다면 즉, 여기서 R로 표시되는 "절대저항"에 의해 각기둥이 파괴되기 위해 어느 정도의 힘이 요구되는지를 안다면, 당신은 외팔보로 작용하는 동일한 각기둥이 어느 정도의 종부하를 견딜 수 있는지를 알게 될 것이다. 이것은 구조에 응용되는 공업역학이라는 오늘날의 적절한 언어로 번역된 갈릴레이의 중요한 결과이다.

---

29 또다시 이것은 텍스트의 붕괴이다. 갈릴레이는 이런 형식의 방정식을 쓰지 않는다. Galileo Galilei, *A Dialogue Concerning Two New Scienes*, Crew, H. and de Salvio, A., (trans) New York: Macmillan, 1914.

갈릴레이는 만일 각기둥의 무게를 고려한다면(각기둥의 무게의 반이 종무게 W에 부가될 경우, 또는 물체를 파괴시키는 종부하(end-load)는 각기둥의 무게 1/2에 의해 줄어들 것이라고 말할 수 있을 경우) 그 결과가 어떻게 변화하는가를 생각한다(각기둥의 무게는 그 길이에 따라 일정하게 배분된다고 가정하면, 받침대로부터 거리 bc의 1/2의 지점에서 효과적으로 작용한다).

그는 계속해서 각기 다른 단면적을 가지는 두 개의 각기둥을 생각하며 힘과 절대저항은 그 단면적에 비례한다는 것을 "어느 누구도 의심하지 않는다"고 주장한다. "왜냐하면 단면적이 큰 실린더의 고체를 결합하는 섬유의 수는 단면적이 작은 실린더의 섬유의 수를 면적의 비(比)만큼 초과하기 때문이다." 이러한 생각을 하면서 그는 보(beam)의 모든 차원에서 생기는 파괴하중의 차이를 설명해주는 다수의 특정 법칙을 개발한다.

이러한 주장은 실제구조를 이상적 상태로 만드는 과정에서 추상을 사용하는 훌륭한 사례로 여겨졌다. 갈릴레이는 그 보를 지레로 "간주한다". 그는 보통사람들이 볼 수 있도록 해주는 그런 특별한 안경을 쓰고 있는 것 같다. 그 보(beam)는 갈릴레이의 텍스트에 나와 있는 것이며 대부분의 철학자들이 볼 수 있고 신뢰할 수 있는 것이다.

갈릴레이도 단면적을 이루는 섬유소가 일정하게 분포되어있는 것을 알고 있었다. 이 안에는 보가 파괴될 때를 예측하는 데 필수적인 개념인 비판적 이론개념은 단위면적 당 힘(후일에 코시(Cauchy)는 그것을 응력이라고 불렀다)이라는 함축적인 인식이 들어있다. 만일 단위면적 당 이 힘이 어떤 값을 초과하면 그 보의 파괴는 바탕에서부터 일어날 것이다.

그의 대화는 분위기와 주제 측면에서 보면 매우 공학적이다. 그 대화는 아래와 같다.

- 이론적 대상과 개념 ― 힘, 팔의 모멘트, 모멘트, 강체평형의 조건 등 ― 의 체계와 맥락에서 도출된 수학적 관계
- 이것은 무엇을 원인(최종무게)으로 그리고 결과로(아래로부터 보의 파괴) 간주할 수 있는지 그리고 원인은 지레의 원리를 통해 어떤 결과와 관계를 갖는지를 나타내는 내용 속에 들어있고, 인장력 속의 파괴하중이 단면적에 얼마나 비례하는지를 나타내는 다른 내용 속에도 들어있다.
- 파괴조건에 대한 명제는 다음과 같다. 만일 당신이 우리가 지금 인장력 테스트라고 부르는 것 안에서 한 재질의 파괴에 대한 절대저항을 결정할 수 있다면 당신은 동일한 재질의 외팔보가 언제 파괴되는지를 예측할 수 있다.
- 응용범위에 대한 탐구. 이 분석과 모델은 모든 종류 "유리, 철강, 나무, 부서질 수 있는 다른 재질"의 보에도 응용된다.
- 다양한 크기의 사각 기둥뿐만 아니라 원기둥에 대한 결과의 유추. 그 보는 자체 무게 때문에 파괴되기 전에 얼마나 오래 버티는가? 만일 그 보가 한쪽 끝에서보다 양쪽 끝에서 지지받는다면 어떻게 될까? 그는 거인이 보통사람들보다 조금 큰 사람으로 보였다면 존재할 수 없었다고 주장한다. 공학에서 공학자들은 정확한 단위 표현법들의 개발을 위해 노력하고 있다.

그가 보여준 통찰에도 불구하고, 고체와 구조의 탄성적 움직임에 대한 오늘날의 이론, 특히 공학의 보 이론에 비추어 판단해볼 때 그 결과는 정확하지 않았다. 갈릴레이의 결과들이 차원에서는 정확한 반면에 1/2의 값만큼 틀렸다. 그의 역사적 공헌의 중요성을 경시하지 말아야 하며 (보의 파괴는 내적인 굽힘 모멘트 때문이라는) 다른 조건이 동일

하다면 그 보가 벽에 고정되어 있는 것이 안전하다는 그의 통찰의 의미
를 무시하지도 말아야 한다. 당신이 지금 파괴하중 값을 알고 있는 보
를 크게 할 때에도 적용될 수 있는 그의 분석은 정확하고 유용하다. 우
리의 목적에 비추어보면, 보가 파괴되는 시간을 알고자 하는 갈릴레이
의 전략은 오늘날 엔지니어들이 선택한 전략과 유사하다.

양력과 항력의 비율 측정하기

나의 좀 더 현대적인 마지막 예
시는 풍동(風洞)에 장착되어 있
고 날개에 작용하는 힘을 측정하
기 위한 기구와 관련이 있다. 여
기서 우리가 던질 수 있는 질문
은, 이 장치를 설계하고 만들고
성공적으로 사용함에 있어서 왜,
그리고 어떻게 작동하는지를 이
해하기 위해 어떠한 근본적 지식
과 노하우가 필요한지이다.

그림 4.3 윈드터널 "이동" 균형[30]

　사진에서 보이는 바와 같이, 세로로 된 검은 막대기가 우리가 영향도
를 측정하고자 하는 날개이다. 막대기는 가로로 된 부재에 단단하게 부
착되어 있고, 이 부재의 양 끝은 각각 하나의 까치발과 붙어있다. 이 까

30　스미소니언 박물관 기록보관소에서 제공해준 사진. 국립항공우주 박물관. 음수
2002-16631.

치발들은 수직축을 중심으로 자유롭게 회전할 수 있고, 수직축들은 지름이 좀 더 큰 두 개의 기둥으로 지지된다. 또 다른 부재가 이 두 까치발의 끝을 연결하고 있는데 이 이음새의 위치는 시험 샘플로부터 일정 거리 떨어져있게 한다.

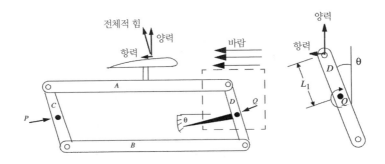

그림 4.4 윈드터널 "표류" 균형 – 상면도

위에서 언급한 모든 부재들이 어떻게 연결되어 있고 작동하는지는 이를 도식화한 그림이 더 잘 나타내준다. NASA 홈페이지에서 가져온 도식은 아래와 같다.[31]

위 그림은 상측에서 내려다보이는 장치를 보여주고 있다. 그림의 위쪽에는 날개 모양 시험 샘플의 단면이 보인다(날개는 종이면의 안과 밖으로 연장되어 있다). 우측에는 부재 D의 확대도가 보이는데, D가 부재 A에 고정되어 있는 위치에 작용하는 모든 (내부적) 힘이 표시되어 있다.

공기는 어떤 속도를 가지고 좌측에서 우측으로 흐른다. 공기가 날개 위와 주위를 지나가면서, 시험 샘플은 하나의 힘을 느끼게 되는데 이는

두 개의 요소로 나뉠 수 있다. 하나는 기류에 직각방향으로 작용하는 양력이고, 다른 하나는 기류와 같은 방향으로 작용하는 항력이다.

시험 샘플은 상측 부재 A에 단단히 연결되어 있다. 모서리에 보이는 작은 원 4개는 핀이고, 막대기의 평행 운동을 제지하지 않도록 최대한 마찰이 없이 만들어졌다. 점 P와 Q에 위치한 검은색 원들은 얇은 원통형 지지대이고, 이 지지대를 중심으로 두 개의 까치발 C와 D가 자유롭게 회전하며 이들은 풍동의 바닥면에 고정된다. 하나의 봉이 D에 고정되고 항상 D와는 수직각을 이루게 된다.

일정한 속도를 가진 기류가 흐르면 이 장치는 균형이 이루어질 때까지 시계반대 방향으로 회전한다. 이 장치는 항력 요소와 양력 요소의 비율을 직접 측정하게 되고, 이 비율은 각도 θ를 포함한 간단한 함수로 나타낼 수 있다.

$$\frac{항력}{양력} = \tan \theta$$

우리는 이 관계식을 본 시스템에 적용되는 정적 평형의 필요조건들로 추론할 수 있고, 이 시스템은 하나의 연속체가 아닌 4개의 강체 연결로 모형화되어 있다. 하나의 이상화만을 추론할 수 있는 갈릴레이의 외팔보 분석과 달리, 이 장치에서는 각각 네 개의 부품에 적용되는 이상화를 구성해야만 한다. 예를 들어, 상측 부재 A의 이상화는 다음과 같다.

C와 D에 고정되어있고 마찰이 없는 핀들은 회전력을 전달할 수 없다고 추정한다. 우리는 여기서 "내부력 요소" C_x, C_y, D_x, D_y를 양력과 항력, 그리고 거리값인 a와 b를 이용해서 나타내려한다. 이 부품의

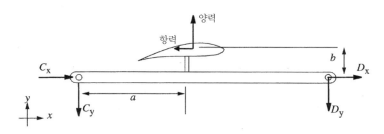

그림 4.5 상단 부분 A의 이상적 상태

평형 요구조건은 위와 같은 미지의 요소들과 양항력 요소들을 연관지은 3개의 식을 산출한다. 하지만 이 4개의 "미지의" 요소뿐만 아니라, 다른 3개의 부품에 대한 이상화를 진행하여 더 많은 요소를 공급해야만 한다.

이 논문은 역학에 관한 교과서가 아니므로, 자세한 설명은 생략하고 여기서 보이는 프로세스가 최종적으로는 충분한 개수의 식을 통해 각도의 탄젠트와 양력과 항력의 비율의 같다는 결과를 산출할 수 있다는 것만 이야기하려 한다. 흥미롭게도, 부재 B에 작용하는 내부력을 계산할 수 있는 충분한 수의 식을 얻을 수 없다는 것을 알게 된다. 하지만 양항비와 각도의 탄젠트 사이의 관계는 이 분석에서 "제외된다".

전에 보았던 것과 같이 이 예시에서도 우리는 공학적 지식의 두 가지 맥락에 대해 명백히 할 수 있다. 하나는 현대 공업역학(그리고 공기역학)의 대상세계이고 다른 하나는 발전의 역사적이고 세계적인 맥락이며 장치의 첫 사용이다.

지금까지 이 보고서는 라일이 **사실에 대한 지식**으로서의 지식(knowledge)이라고 부르는 것에 초점을 맞추고 있다[32]. 여기서 아는

---

32   Ryle, G. "Knowing How and Knowing That", *Proceedings of the Aristotelian*

것이란 수학적, 상징적 형태로 표현할 수 있는 추상적 아이디어와 세월
이 흘러도 변치않는 개념과 관계들을 아는 것이고, 또 함수의 분석이
포함된 수동적 언어 표현을 통해 아는 것이다. 예를 들어, "사실상 ~
이라고 밝혀졌다"라든지 "만약 부재 AB가 움직이지 않고 평형 상태라
면, 우리는 그 구성요소에 작용하는 합성력과 합성 회전력을 알 수 있
고 이것은 책에 나와 있는 뉴턴의 법칙에서 얻어진 두 식과 일치한다".
우리는 평형에 필요한 조건들이 이 명제를 증명하기 위해 필요하고 또
충분하다는 것도 알고 있다. 여기서 이 명제는 양력과 항력의 비율이
각도 θ의 탄젠트 값으로 도출된다. 그것이 충분치 않다는 사실은 구조
가 과다 구속일 수 있으므로 반드시 허용되어야 한다.

이 보고서에는 라일이 이야기한 **방법에 대한 지식**으로서의 앎(know-
ing), 특히 하드웨어의 연습과 실행, 조작과 성형 그리고 좀 더 세계적
인 유형의 함수에 대한 설명 등에 대해선 많이 언급되어 있지 않다. **사
실에 대한 지식**의 맥락은 평범한 세계로부터는 많이 떨어져 있지만 **방
법에 대한 지식**의 맥락은 다른 성질의 것이다. 평범하지 않다는 것은
우리가 설명하는 장치가 마찰이 없는 핀들, 방해받지 않고 한 방향으로
만 흐르는 기류, 중량이 없는 구성요소들, 곧게 뻗은 선들과 치수나 시
간으로 정의되지 않는 점 등으로 표현되어 있기 때문이다. 여기서 우리
는 라이트 형제의 세계와 20세기 초 첫 10년을 이야기할 수 있다. 여기
서 말하는 세계는 좀 더 친밀하고 평범한 세계이고 자전거 바퀴의 살과
쇠톱날, 완벽하지 않은 용접과 맥동하는 기류같이 실제세계로부터 크
게 벗어나지 않은 세계이다.

우리는 이제 이 장치의 역사적인 맥락에서의 발전과 첫 사용에 대해

Society, vol. X L VI, 1948.

이야기해보고자 한다.[33] 이 맥락 안에서 우리는 라이트 형제가 양력과 항력의 비율을 측정하는 기발한 기구를 설계한 것과 같이 어떻게 자신들의 성과를 이룰 수 있었는지에 대해 알아보고자 한다. 그들은 어떻게 실행한 것인가? 어떻게 해야 하는지에 대해 그들은 무엇을 알고 있었던 것일까? 어떻게 이런 장치를 고안해낼 수 있었을까? 그들이 가졌던 아이디어의 근원은 무엇이었는가? 그들의 믿음과 행동, 실험과 설계를 뒷받침할 수 있던 건 무엇이었나?

우리는 여기서 우리가 알고 있는 잘 정리된 최신 공학 역학의 대상세계에서 벗어나보기로 하겠다. 사실, 만약 우리가 진정 과거를 다시 되살리고자 할 때에는 가능하다면 공학 역학을 배우지 않는 것이 가장 좋을 것이다. 우리는 이 기기에 대한 우리의 생각이나 이해로부터 우리 자신을 최대한 멀리 떨어뜨려 놓아야 한다. 우리가 이해하고자 하는 것은 이 장치를 고안한 사람들이 어떤 상상을 했고 어떻게 이 기기를 만들었는가 하는 것이므로, 그들이 우리가 현재 알고 있는 현대식 공학 역학의 방식과 방향을 그 당시에도 알고 있었고 사용했었다고 추정하면 안 될 것이다. 역사학자들이 정당하고 진실한 역사를 기술하기까지 많은 고민을 거듭하는 것과 같은 도전은 분명 존재한다.

예를 들어, 조셉 애거시(Joseph Agassi)는 과학과, 또 어떤 면에서는, 기술의 역사가 어떻게 쓰여져야 하는지에 대해 두 가지 조건을 설정하였다.

깨우쳐있고 폭넓은 정신을 가진 역사편찬의 첫 번째 준칙은 다음과 같다. 홍

---

33   두 번째 맥락인 역사적 맥락을 **방법에 대한 지식**이 우세한 **발견의 맥락**이라고 부르고 싶다. 첫 번째 맥락은 **사실에 대한 지식**이 테스트 받는 **검증의 맥락**이라고 부르고 싶다.

미롭고 자극을 주는 모든 이야기는 좋은 것이고, 이들이 만약 두 가지 조건을 충족시킨다면 역사로 여겨질 수 있다. 첫 번째는, 저자가 쉽게 접할 수 있는 사실적 정보를 훼손하지 않아야한다는 것이고, 두 번째는 역사적 추측을 마치 사실적 증거인양 보여주지 않아야한다는 것이다.[34]

이러한 제한적인 요소들은 깨우치기보다는 도발하려는 목적이 강하다. 좋은 역사는 역사적 사실들의 기록뿐만 아니라 좋은 이야기라고 애거시는 이야기하고 있다. 만약 역사학자가 한 사건에 대해 판단을 잘못 내릴 경우엔 아무리 명백하고 접하기 쉬운 사실들이라 할지라도 훼손되고 무시되며 일그러뜨려질 수 있다는 것이다. 추측도 꼭 필요한 요소이긴 하지만 반드시 주의를 기울여야 한다. 우리는 역사적 사실과 역사학자의 의견을 같은 의미로 사용해선 안된다. 그렇기는 하지만 애거시의 규칙은 역사학자들에게 자신들의 입맛대로 사실을 재생산할수 있는 자유를 꽤 많이 부여하고 있다.

애거시의 말대로 그의 "적극적 관점"이 역사학자가 해서는 안 될 일에 대해 규정하고 있다면, 콜링우드는 흥미롭고 자극을 주는 이야기를 만들기 위해 무엇이 필요한지에 대해 좀 더 명확하게 표현한다. 그는 사실과 원천 자료에 대한 비판적 평가와 동시에 보간이 필요하다고 말하고 있다. 여기서 보간은 한 사람의 상상력을 이용하여 과거에 일어났던 일에 살을 붙이는 일을 일컫는다. 하지만 이 상상력은 "장식용이 아닌 구조적 관점"에서 접근하여 사용되어야 한다. "역사학자에게 상상력이 없다면 꾸밈을 위해 사용할 수 있는 서술 기법이 없을 것이기 때

---

34 Agassi, J., *Toward an Historiography of Science*, s' Gravenhage: Mouton & Co. 1963, p. 74.

문이다."

칸트가 말한 대로 맹목이지만 불가결한 기능인 상상력 없이 우리는 우리 주
변의 세계를 지각할 수 없다. 상상력은 역사에도 동일한 방식으로 불가결하
다. 상상력은 공상처럼 자의적으로 작용하지 않으며 역사가의 해석 전과정
에 작용한다.[35]

위 내용은 가능성보다는 필요성의 느낌이 강하다. 귀납법을 통해 과
학자들은 시험 가능한 일관성있는 이론을 개발하고 역사학자는 자신이
가지고 있는 귀납 능력을 이용하여 이야기를 만들고 추가적 사실과 다
른 이의 이야기를 통해 자신의 가설을 증명한다. 과거를 상상력에 의해
재현하고 역사상의 행위자를 과거로 돌아가 사고하는 것은 콜링우드가
역사를 다루는 방식이다. 역사가가 해야 할 적절한 일은 "자신들이 연
구하는 행위자의 생각 속으로" 들어가보는 것이다.

이 모든 것 안에서 애거시와 콜링우드는 과거 사상과 행위의 재해석
은 우리가 연구하는 역사적 시기의 표준과 신념과 규범에 일치해야 한
다는 점에는 동의할 것이다. 여기에 모순은 없으며, 단지 역사적 사실
과 거리를 두고 역사가의 추측을 지키는 도전이 있을 뿐이다. 역사가의
책임은 과거의 버팀목과 발판만을 사용하여 재현하는 것이다. 이런 지
속적인 투쟁과정에서 우리는 애거시의 말대로 "사건 이후에 현명해지
는 것"을 피해야 한다. 한편 쾨슬러는 과거에 접근할 때 "우리는 우리
자신을 어린아이로 간주해야 한다"고 충고했는데, 애거시는 이 주장이

---

35   Collingwood, R. G., *The Idea of History*. Oxford University Press, 1946, p. 241.

충분하지 않다고 생각했다.

　그렇다면 우리의 일은 재구성(reconstruction)이다. 우리는 라이트 형제가 무엇을 했으며 어떻게 했는가를 설명하는 이야기 속에 생각과 관계를 정합적이고 합리적인 순서로 내놓는 시도를 진행한다. 이런 과정 안에서 우리는 그 도구들이 어떻게 작동했어야 하는지 어떻게 작동해야 하는지 어떻게 작동할 것인지에 대한 정합적이고 합리적인 이론 모델에 의존한다. 후자의 형태는 빈틈없이 만들어질 수 있지만 전자는 그렇지 못하다. 즉 내가 구성하는 역사적 이야기 안의 모든 신념을 정당화하기 위해 대상세계이론을 엄격하게 가져올 필요는 없다. 새로운 설계 프로세스를 구축하는 시도를 할 때에 완성된 제품의 합리적, 논리적, 효율적인 작용이 우리를 잘못된 방향으로 이끌 수 있듯이 이 역사적 유물에 대한 평형 분석은 그것이 어떻게 여기까지 오게 되었는지와 동일시되어서는 안된다.

　다행히 도서의 형식[36]으로 출판된 최초의 원자료에 기초해서 라이트 형제가 그 기구를 어떻게 알게 되었으며 어떻게 효과적으로 사용하게 되었는지에 초점을 맞추면서 라이트 형제가 진행했던 연구과정에 관심을 가져보자. 우리가 흥미로워 하는 것은 그들이 "이동" 균형을 추론하고 구체화하는 데에 쓰였던 그들의 지식이다. 나의 주제는 대상세계 지식이지만 나의 표현은 소극적이고 무관심하며 가치중립적이지 않고 수학적, 상징적 표현으로 쓰여진 것이 아니라 그들의 성과가 어떻게 이루어진 것인지에 대해 진실하게 서술한다. 라이트 형제의 성과가 많은 칭송을 받아야 함에도 나는 날씨에 대해선 별 이야기를 하지 않을 것이다("바람이

36　*The Papers of Wilbur and Orville Wright, MacFarland*, M. W.(ed.) McGraw-Hill, 1953.

지나간 모래 언덕에, 키티호크(Kitty Hawk)[37]의 환한 아침…"). 대상세
계 작업들간의 사회적 관련성에는 제약이 존재한다. 나의 역사는 아이
디어, 공학, 대상세계 지식과 앎의 역사이길 원한다.

나는 윌버 라이트(Wilbur Wright)가 **옥타브 샤뉴트**[38](Octave Cha-
nute)에게 1901년 9월 26일에 보낸 편지에
대한 이야기로 시작하겠다. 이 편지에서 글쓴
이는 먼저 비행을 시도했던 독일인 **오토 릴리
엔탈**[39](Otto Lilienthal)의 데이터를 검증하기
위해 자신이 진행한 실험에 대해 이야기하였
고 (릴리엔탈은 글라이더 충돌 사고로 세상
을 떠났다), 그것은 적절한 곡면과 기울기를

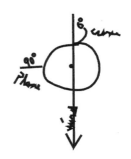

---

37 Kitty Hawk: 미국 노스캐롤라이나주 데어카운티에 있는 마을이다. 1903년 12월
라이트형제는 이곳에서 세계 최초의 동력비행기를 타고 비행에 성공한 역사적인 장소
이며, 미국의 키티호크 항공모함은 이 이름을 따서 명명하였다._옮긴이주

38 Chanute, Octave(1832~1910): 프랑스계 미국인인 옥타브 샤뉴트는 토목기술
자로서 철도와 철교 건설에 명성이 있었으나, 1890년대에 비행기에 흥미를 느껴 비행
기의 여명기에 많은 공헌을 하였다. 고정익(固定翼) 항공기의 안정과 조종에 관심을 두
고 스스로 설계한 글라이더로 수많은 실험을 한 끝에, 1897년 구조설계를 글라이더에
적용하여 복엽(複葉)의 날개에 지주(支柱)와 선을 사용하는 구조를 고안하였다. 그 방
식은 그뒤에 복엽식 비행기의 표준적인 구조가 되었다. 1900년 경 라이트형제와 알게
되어, 그들의 연구에 많은 조언과 도움을 주었다._옮긴이주

39 Otto Lilienthal(1848~1896): 1891년, 독일인 오토 릴리엔탈(Otto Lilienthal,
1848~1896)은 사람이 날개를 달고 조종을 하면서 날 수 있다는 것을 보여준 최초의
인물이었다. 그는 기술교육을 제대로 받았고, 체계적인 연구를 통해 결과를 기록했다.
게다가 비행기의 개발에 반드시 필요한 조종기술을 스스로 체험하며 개발한 장본인이
기도 했다. 1889년에는 [항공의 기초로서의 새의 비행(*Bird Flight as the Basis of
Aviation*)]이라는 책을 출판했는데, 그 당시 구할 수 있는 가장 자세한 항공 역학적 데
이터를 수록하고 있었다. 1894년경 출간된 이 책의 번역본은 라이트 형제가 비행에 관
심을 갖는 데 결정적인 역할을 했다._옮긴이주

가진 날개 면으로부터 얻을 수 있는 양력에 대해 설명하고 있었다.

월버의 편지에서 우리는 손으로 스케치한 하나의 그림을 발견하게 되고, 이것은 그의 이야기에 굉장히 중요한 부분을 차지하고 있다.

나는 다음과 같이 4°~ 7°에서 변화하는 릴리엔탈 계수의 정확성을 볼 수 있는 긍정적인 시험을 준비하고 있다. 나는 보이는 것과 같이 1 제곱피트의 릴리엔탈 곡면과 0.66 제곱피트의 평면을 자전거 바퀴에 설정한다. 위에서 내려다본 그림이다. 압력의 중심으로부터 바퀴의 중심까지의 거리는 곡면과 평면에 둘 다 똑같이 적용될 것이다. 릴리엔탈 테이블에 따르면, 5°로 기울어져있는 1 제곱피트의 곡면이 90° 기울기의 0.66 제곱피트의 평면과 거의 균형을 이룰 것이다. 이것이 만약 사실임이 밝혀지면 나는 이 표가 정확하다고 확신할 수 있을 것이다. 만약 곡면이 평면과 균형을 이루지 못한다면, 그 둘이 균형을 이룰 때까지 평면의 크기를 조금씩 줄여나갈 것이다. 나는 최대한 빨리 알맞은 날을 잡아 이 시험을 진행하려 한다.[40]

일주일 뒤, 윌버는 샤뉴트에게 보내는 편지를 통해 시험의 결과를 보고하였고 또 다른 그림이 포함되어 있다.

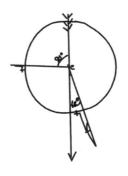

그들은 릴리엔탈이 예측한 양력이 평면의 균형을 맞추지 못한다는 것을 알게 되었다. 왜 이런 현상이 발생하느냐를 알기 위해, 그들은

40   위의 책, p. 120.

곡면과 평면의 균형이 맞을 때까지 날개의 방향을 변화시키는 시험을 해보았다(평면의 면적을 줄일 것이라고 이미 이야기했지만 사실 곡면의 입사각에 변화를 주는 것이 더 쉬웠다). 그들은 받음각을 18°까지 증가시켜야만 평판의 균형을 맞출 수 있다는 것을 알게 되었다.

우리는 여기서 라이트 형제가 알아야 하는 것과 이미 알고 있는 것이 무엇인지 물을 수 있고, 그 답은 그들은 회전력의 평형에 대한 개념과 그것을 어떻게 이용할지에 대해 확실히 알고 있었다는 것이다. 갈릴레이와 같이, 그들은 각이 진 지렛대의 균형을 맞추고 있다. 이것이 그들이 적용하는 근본적인 형태의 대상세계 원칙이다(페인팅과 같진 않지만). 그리고 이는 그 후에 이뤄지는 모든 측정 작업과 기기의 설계를 하나로 연결하는 개념이다.

그들도 모범적이고 평범하며 확립된 케이스로 이해되는 이것을 이용하는 방법을 알고 있었다. 여기서 이 케이스는 바람이 부는 방향과 수직각을 이루는 평판에 작용하는 힘을 말한다. 이동 균형을 이용한 마지막 예시까지의 측정치들은 모두 판에 작용하는 힘과 연관되어 측정되었다. 하지만 곧 그들은 **스미튼 계수**(Smeaton's coefficient)로 불리는, 기류에 놓인 평판에 작용하는 힘의 **절대**치에 대해 의문을 가지게 되었다.

처음에 그들은 자연풍에 놓여있고 땅을 기준으로 고정되어있는 자전거 바퀴[41]를 가지고 시험을 진행하였으나 이 방법은 실행 불가능하다고 증명되었으며 만족스런 결과를 가져다주지 못하였다.[42] 두 번째 편지에

---

[41] 라이트형제의 자전거바퀴를 이용한 양항비 실험
[42] 이 점은 대부분의 역사가들이 놓쳤던 것 같다. 라이트 형제가 항공역학의 발전에 기여한 부분에 대한 충분한 설명을 위해서는 다음 책을 참고하라. Anderson, J. D., Jr.

서 그들은 자신들의 장치를 자전거 앞바퀴에 장착했음을 이야기하였는데 이는 좀 더 규칙적이고 지속적인 기류를 얻기 위함이었다. 새로운 방식으로 그들은 최대한 일정한 기류를 발생시킬 수 있도록 "시간당 12마일"로 자전거를 탔다. 자연스럽고 임의의 방향으로 부는 바람의 영향을 없애기 위해 그들은 달렸다.

> 바람의 직각 방향으로 자전거를 탔다. 이로써 자연풍은 처음에 한쪽에 있다가 자전거의 코스가 반대로 바뀌면서 또 반대쪽으로 오게 된다. 이 두 경우를 비교한 결과, 그 차이는 단지 2도였다.[43]

위 실험기법은 그들이 기류의 불균형이 가져오는 영향을 컨트롤하고 보정할 수 있다는 것을 보여준다. 움직이는 자전거에 장치가 설치되어 있는 상태에서 그들의 방식이 가장 잘 작동하기 위해선 자연풍이 적을수록 좋다는 것에 주목하자.

그들이 보고하지 않았던 것은, 기류의 근원을 기준으로 수평으로 놓여있는 바퀴에 있는 두 시험면의 위치에 변화가 있었다는 점이다. 두 그림을 비교하면서 우리는 날개가 바퀴의 축으로부터 **상류**쪽에 위치한다는 것을 알 수 있다. 보고서에서는 날개가 **하류**쪽에 설치되었다. 첫 번째 배치는 불안정할 것이고[44], 만약 날개가 하류쪽에 설치되어있다

A History of Aerodynamics and Its Impact on Flying Machines, Cambridge University Press, 1997. 앤더슨은 그것을 정확하게 이해한 몇 명 중 한 사람이다.

43   *MacFarland*, M. W.(ed.), p. 125.

44   그들 기구의 첫 번째 스케치를 생각해보라. 예를 들어, 토크가 균형을 이루었다. 즉 곡선표면 위의 양력은 평형을 위해 요구된 양력과 동일했다고 생각해보라. 만일 방해받아서 바퀴가 시계방향으로 움직인다면 받음각은 증가할 것이며, 양력은 증가하며 토크는 더 이상 균형을 이루지 않을 것이며, 바퀴는 불균형을 심화시키면서 시계방향으

면, 시스템은 안정적일 것이다.

왜 그들이 두 그림의 차이에 대해 이야기하지 않는지에 대해서는 의문점이 많다. 어쩌면 이는 현재 진행되고 있는 진실된 케이스만 보여주고 이전의 엇나갔던 예시들은 배제하는 공학적 생각의 단면을 보여주는 것일 수도 있다. 이러한 역사적 근원으로부터 우리는 엔지니어들이 역사를 경시하는 단면을 엿볼 수 있다. 또한 우리는 이 장치의 적절한 기능에 대한 언급 외에 불안정성에 대한 가능성이 새로운 사용자들에게 알려지지 않은 채 남아있음을 알 수 있다. 만약 이 장치가 두 번째 그림과 같은 형태를 가진다면 "다른 조건이 동일하다면" 안정성은 보장된다.

앞에 언급된 내용보다 조금 수용하기 어려운 특이점이 그들의 궁금증을 자아냈다. 그들은 평판 위에 작용하는 힘을 구하는 식에 포함된 스미튼의 일정 계수를 믿지 못하게 되었다. 그들이 진행한 시험은 판의 균형을 위해 필요한 받음각이 무엇인지 보여주었고 또 양력의 계수를 날개에 작용하는 힘과 판에 작용하는 힘의 비율로 나타내었다. 스미튼의 계수를 그대로 받아들여 판에 작용하는 양력의 **절대**값을 구하였고, 앞서 계산한 비율을 이용하여 날개에 작용하는 양력 또한 구하였는데, 그들은 후자 값의 크기에 매우 놀라워했다. 원 시험에 포함된 부분은 아니었지만, 이 결과는 그들이 이미 믿고 있던 지식을 의심하게 되는 결과를 불러오게 되었다.

로 더욱 회전할 것이다. 만일 방해받아서 바퀴가 다른 방향으로 움직인다면 양력은 감소하고 바퀴는 시계 반대방향으로 더욱 회전할 것이며 또다시 장치는 불안정해진다. (이것은 평판 위의 힘의 크기에서 상대적인 변화는 평형경향성에서 동일한 각도상의 편차 때문에 날개 위의 상대적인 변화보다 더 적다고 가정한다).

이에 자극을 받아 그들은 같은
각으로 기류에 기울어져있는 평판
과 곡면에 각각 작용하는 양력을
비교할 수 있도록 새로운 시험을
고안하였다. 그림과 함께 그들은
다음과 같이 말했다.

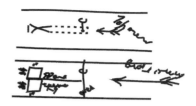

기류의 방향을 똑바로 하기 위해 설치된 정사각형 통안에는 축 C에 풍향계
가 장착되어 있다. 이 풍향계의 날개들 중 하나는 중심으로부터 한쪽에 1"×
3.25" 크기로 기울어져있는 평면이고, 다른 하나는 반대쪽에 같은 양의 기울
기를 가진 1"×3.25" 크기의 곡면이다. 바람이 불면 풍향계는 바람의 방향을
가운데에 둔 채 한쪽을 가리키게 되고 이는 곡면이 평면보다 적은 입사각을
필요로 한다는 것을 보여준다.[45]

다시 말하지만, 이 전략은 평형상태 근처에서 어떤 일이 벌어지는지
를 탐구한 것이다. 만약 평면에 작용하는 힘이 곡면에 작용하는 양력의
크기와 같다면, 풍향계는 기류 내에서 한쪽으로 비켜나지 않았을 것이
다. 왜냐하면 평면에 작용하는 양력에 의한 회전력이 곡면에 작용하는
양력에 의한 회전력과 같을 것이기 때문이다. 만약에 이 장치가 회전하
고 면들이 한쪽으로 이동했다면, 이 장치는 위에서 언급한 두 회전력이
같을 경우 평형상태를 이룬다.
　더 이상 장치 내에 각의 편향이 생기지 않을 때까지 하나의 입사각을
다른 입사각 기준으로 변경하는 조작의 실행은 다른 이들이 이미 발표

45　*MacFarland*, M. W.(ed.), p. 125.

한 바와 비교되는 그들의 결과를 위한 기반을 마련해주었다. "나는 이제 릴리엔탈의 테이블이 굉장히 심각한 오류를 가지고 있다고 자신있게 말할 수 있지만, 그 오류는 내가 한때 예상했던 것보다는 그리 크지 않다…"[46]

기류의 불균형성, 즉 "힘의 변화나 서로 다른 장소에서 부는 바람으로부터 발생하는 오류"를 컨트롤하기 위해 라이트 형제는 시험을 두 번 진행하였고, 두 번째는 풍향계를 반대방향으로 놓아서 곡면이 통 위쪽에 위치하고 평면이 아래쪽에 위치하도록 하였다(그림에서 원래의 방향을 확인할 수 있다). 두 번째 케이스에선 풍향계가 첫 번째 케이스 대비 반대방향으로 회전하게 되고 회전 시 발생하는 편향값의 평균을 내면 그 특정 입사각에서 곡면이 평면보다 더 유리하다는 것에 대해 편견없는 결과가 도출된다.

그들이 다음으로 실행한 변화는 그림으로 보아서는 애매모호하다. 그들이 불균형성을 조절하려 함은 명백하지만 무엇을 측정하려 하는 것인가?

이 그림에서 화살표는 바람의 방향을 가리킨다. 점선은 이 장치의 방향을 보여주며 곡면은 마이너스 받음각의 방향으로 놓여있다(그들은 이 경우에서도 양력이 여전히 가능하다는 것을 알고 있었다). 점선의 경상인 직선은 실제로는 점선의 방향으로 흐르지 않는 기류를 조절하기 위해 장치가 뒤집어졌을 때의 위치를 나타낸다. 윌버 라이트는 이 목적에 대해 아래와 같이 설명한다: (여기서 P_{90}은 "수직력", 즉 판에 수직방향으로 작용하는 힘을 나타낸다).

---

46   위의 책, p. 127. 그들은 자신들이 선택한 스미튼 계수값이 "부정확"하며, 대부분의 현대인들 따르면 쉽게 구할 수 없다는 것을 알게 되었다.

이 새로운 장치는 앞서 사용했던 풍향계와 같이 구조가 단
순하고, 긴 계산없이 주어진 값들은 P_{90}의 백분율로 보여진
양력이다. 나의 생각으로는 0°부터 30°까지의 완전한 표가
30분 안에 만들어질 수 있고, 그 결과는 1% 내의 오차범위
를 가진 진실된 결과일 것이다. 압력 중심의 위치에 대한
변화 때문에 발생하는 오류는 완벽히 제거되었다. 이 장치
는 또한 압력의 수직방향에 놓여있는 선을 나타낼 수 있고,

그리하여 한 면의 양항비가 다른 면보다 유리함을 얻을 수 있다. 또한 릴리
엔탈의 접선에 대한 사실도 밝힐 수 있다. 우리는 일주일 내로 장치를 완성
할 수 있길 바란다.[47]

그들은 기류에 수직방향으로 놓여있는 평판에 작용하는 회전력과 곡
면의 양력에 의한 회전력의 균형을 맞추는 것으로 보였다. 하지만 왜
회전 수직각으로부터 두 개의 팔(arms)이 길게 뻗어나와 있는 것인가?
그들의 후속 작업으로부터 추론한다면, 나는 바람을 기준으로 곡면과
평면이 서로의 회전없이 움직일 수 있도록 하는 연결 링크를 짐작해볼
수 있다. 그들은 바람의 방향으로부터 1°에서 2° 정도 풍향계가 기울어
져있는 것이 굉장히 작은 오류라고 생각하였고, 이 바람의 방향은 처음
에는 한쪽에 위치하였다가 풍향계가 뒤집히면 그 반대쪽으로 이동한
다.[48] 그들은 자신들이 고안한 새로운 설계가 압력 중심의 변화가 불러
오는 영향을 어떻게 피할 수 있는지에 대해 보고했고, 그들의 장치에
대한 분석과 정적 평형의 필요조건의 일치함은 장치의 각변위(angular

---

47   위의 책, p. 127.
48   위의 책, p. 126.

displacement)가 압력 중심의 위치와는 무관한 점을 보여주고 있다.

하지만 어떻게 이 장치는 작동되었는가? 그들이 주장하기를, "양력을 P_{90}의 백분율의 형태로 디테일한 계산없이" 얻을 수 있을 뿐만 아니라 그들은 또한 "압력의 수직방향에 놓여진 선"을 추론할 수도 있다고 주장하였다. 우리가 이 장 서두에서 언급한 이동 균형의 대상세계 분석과 유사하게 진행된 이 분석은 각의 편향을 측정하는 것이 양력과 항력에 평판에 작용하는 수직력, P_{90},을 더한 **합**의 비율을 도출해낼 수 있음을 보여준다. 라이트 형제가 얻을 것이라고 했던 결과는 **단지** 양력과 수직력의 비율이므로, 좀 더 추가적인 것이 실행되었을 것이다.

나는 그들이 두 가지 측정을 했다고 추측한다. 하나는 장치에 일정량의 각회전을 주기 위한 크기의 판과 다른 하나는 첫 번째 판보다 약 50% 정도의 좀 더 작은 판이다. 이 경우에서는 항력과 양력은 변하지 않지만, P_{90} 즉 수직력의 값만 변화가 있다. 이 두 관계식은 L/P_{90}와 D/P_{90}의 비율을 구할 때 쓰인다.

아래에 보이는 장치는 과도적 장치이다. 이것은 그들이 예상하는 측정치를 만족할 때까지 아직 실현되지 않았지만 계속 다시 만들어보고, 다시 생각해보고, 또다시 사용한 설계이다.

10월 16일에 보낸 편지에는 그 다음 버전이 나와있었다. 이번에는 그들이 온전히 신뢰하는 모델과 매우 유사하여 나름 손쉽게 이해할 수 있는 모델이었다.[49]

수직축인 cc´에는 수평으로 놓인 팔 x와 x´가 고정되어있고 이 둘의 끝은 가로대 a로 연결되어있다. 가로대 a에는 법평면 하나가 설치되어있다. 수평팔

---

49 위의 책, p. 134.

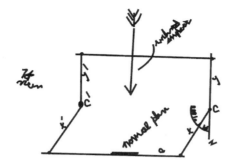

y와 y′는 x, x′와 길이가 같고 c, c′를 감싸는 마찰 슬리브에 장착되어있다. 그 둘의 끝은 가로대로 연결되어있고 이 가로대에는 시험하고자 하는 면이 장착되어있다. 이렇게 면을 설치하는 방식은 y와 y′의 각위치에 상관없이 정확한 입사각을 유지하게 해주고, 또한 압력의 중심이 어디에 있든지 상관없게 만들어준다. 시험할 때, 이 면은 원하는 각을 가지고 가로대에 장착되었고 바람이 불게 하였다. "양력"이 수평팔 yy′을 오른편으로 이동시키고 법평면을 가진 xx′는 왼편으로 이동시킨다. 축 cc′에 설치면 마찰을 가진 이 팔들은 다시 0으로 이동하게 되고 그 곳에 머무르는 동안 재조정된다. xx′의 각은 정지된 상태에서 각도기로 알 수 있다. 그것이 설치된 각도 zcs의 사인 (sine)은 P_{90}의 비율의 표면 양력이다.

이 장치의 정적 분석은 다음과 같은 결과를 보여준다. 첫 번째, 위에서 구해진 각도의 사인은 양력과 법평면에 작용하는 수직력의 비율과 같다. 두 번째, 바람을 기준으로 곡면의 입사각은 수평팔 y나 y′의 방향과는 무관하다. 세 번째, 이 결과는 압력의 중심의 위치와는 무관하다. 마지막 주장은 직관에 어긋나는 것처럼 보인다. 그 이유는 양력 벡터가 회전축에서부터 멀어지면, 회전력은 증가할 것이고 이는 시스템의 불균형을 가져올 것이기 때문이다. 하지만 실제로는 이런 경우가 일어나지 않는다.

또 주목해야 할 점은 그들이 공기의 속도 변화나 장소에 따른 방향의
변화를 설명하기 위해 장치를 반대로 돌려놓지 않았다는 점이다. 그들
은 단일 방향의 기류를 유지하기 위해 마레(Marey) 교수가 사용한 장
치를 써보았다. 이 장치는 공기의 흐름을 똑바르게 할 수 있었고 또 유
리 커버로 덮힌 상자에 모든 것을 집어넣었다. 이는 각변위가 포인터의
회전에 반영될 것이므로 더 이상 상자 바닥까지 손을 집어넣어 작업하
지 않아도 됨을 의미하였다.

최종적으로 만들어낸 장치는 여러 변경사항을 적용하였고 그 그림은
다음과 같다.[50]

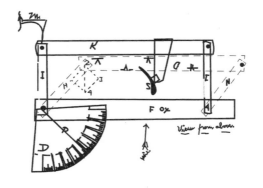

평행한 두 개의 링크는 모두 기류의 하류쪽에 위치하고 있다. 이는
상류쪽에 위치하였던 이전 실험과 달리 기류가 법평면 위와 주위를 치
며 곡면의 효과를 작게 한다. 그들이 쓴 편지를 통해 저자들은 법평면
을 동일면적의 여러 개의 평면으로 쪼개었다고 말하고 있다.
이 마지막 그림은 좀 더 많은 정보를 가지고 있다. 이는 특허출원시

포함할만한 수준의 정보들이다. 전과 후 상태의 장치의 모습을 보여주
고, 특히 항력의 효과를 무력화시키기 위해 곡면을 가지고 있는 링크를
재조정하기 전에 보여지게 된다. 저울, 참고 기준, 지지대 등 이 밖의
세계에 대해 좀 더 자세히 보여준다. 또한, 법평면에 작용하는 힘의 요
소와 날개에 작용하는 양력의 상대적 크기에 대해서도 표현하고 있다
(점선 2-3, 2-4, 3-4).

그들이 만든 이 이동 측정 장치는 이 테마의 또 다른, 그리고 최종적
인 변화였다. 하지만 난 여기서 나의 재구축을 멈춘다. 이는 내가 단순
히 다음 주제로 옮겨가고 싶어서가 아니라 좀 더 철저한 재구축을 할
때에 참고할 역사적 사실들은 현대인 스프랫[51]의 공헌에 어느 정도 관
심을 기울여야 하기 때문이다.

여기에서 어떤 지식이 분명하거나 구성되었는가? 양력과 항력과 곡
선날개의 다양한 모습을 연결시키는 신뢰할만한 데이터의 산출이 있
다. 이 정보는 원래 릴리엔탈이 산출한 데이터에 기초한다(이전의 맥
락에서 공학 지식에 대한 앎을 내가 재구성하는 과정에서처럼). 그것
은 새로운 지식을 이끌기 위해 생각하고 사용될 때만 지식을 구성한다.

몇몇 학자들은 라이트형제가 처음에 릴리엔탈의 양력 관련 데이터에
대해 불만을 표시하였고 이는 그 데이터에 큰 오류가 있었기 때문이라
고 한다. 하지만 그들이 "스미튼 계수"의 적절한 값을 사용하기 시작한
후에는 릴리엔탈의 결과가 자신들의 결과와 비교할 때 그리 다르지 않
다는 것을 알게 되었다고 한다. 이 점이 의미하는 것은 만약 라이트형

---

[51] 윈드터널 밸런스를 전개해가는 과정에서 스프랫의 역할에 대한 실마리를 위해서
는 다음 책을 참고하라. *Miracle at Kitty Hawk, The Letters of Wilbur and Orvile
Wright*, Kelly, F.C.,(ed), New York: Farrar, Straus and Young, MacFarland, M.
W.(ed.), 앞의 책을 참고하라.

제가 릴리엔탈의 결과를 정확하게 읽고 다른 이들이 스미튼 수로 무얼 사용하였는지에 좀 더 관심을 기울였다면 그들이 힘들게 진행했던 풍동 시험이 필요치 않았을 수 있다는 걸 의미한다. 하지만 이는 역사를 굉장히 잘못 이해하는 큰 실수이다. 다시 말하지만 정보와 지식(knowledge), 오히려 정보와 앎(knowing), 방법에 관한 지식과 사실에 관한 지식을 구별하는 것은 중요하다. 그들만의 실험을 진행하고 자신들이 만든 장치의 성질을 지배하는 이론을 정신적으로 또 실험적으로 이해하면서 그들은 적절한 "정보"를 사용하고 완벽하게 이해하였다. 그들이 결과물로 내놓은 이 데이터는 양력, 항력, 날개의 향상된 설계, 풍동의 효과적인 사용과 강체의 정적평형을 지배하는 근본 원칙들에 대해 더 잘 알 수 있게 해주었다.

　지금까지 이야기한 모든 것은 시대, 시기의 맥락에서 고려하여야 한다. 이 데이터를 오늘날의 관점에서 이해하려하는 것은 실수이다. 라이트형제가 자신들의 결과에 대해 이야기한 내용은 참으로 쉽게 알아듣기 어려운 것이다. 양력은 무엇인가? 어떤 방향으로 작용하는가? 그들은 양력이 어떠한 위치에서는 바람의 방향과 수직각을 이룬다고 말한다. 비행 중에 양력의 방향은 "자연풍"의 방향과 달랐다. 그들이 만든 비행물체들은 동력을 이용하는 비행기라기보다는 글라이더(혹은 날아오르는 새)에 더 가까웠다. 물론 그 당시에는 동력을 이용해 운행하는 비행기라는 것이 아예 존재하지 않았다. 그렇지만 샤누트에게 1902년 1월 5일에 보낸 편지에 담겨있는 그림에서 보는 것과 같이 양력은 수평방향에 직각을 이루고 있다.[52]

　라이트 형제, 그리고 릴리엔탈, 샤누트, 랭글리[53]를 포함한 많은 이

52　*MacFarland*, M. W.(ed.), p. 204.

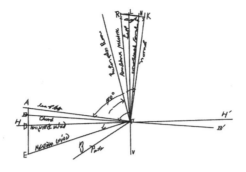

들은 단지 입사각을 기준으로 다른 형태를 가진 날개들에 작용하는 힘
을 측정하기 위한 실험을 한 것이 아니라 처음부터 양력, 항력, 이동,
익현(chord), 받음각 등의 비행 관련 언어를 창조해내고 구축하기 위
해 끊임없이 실험한 것이다.

　앞서 설명된 여러 장치들을 만들기 위해 그들이 투자한 많은 시간과
노력을 보면서, 우리는 그들이 사실에 대한 지식과 방법에 대한 지식을
혼동하고 있는 것을 볼 수 있고, 이는 라일의 두 형태를 구분하거나 어
느 하나가 다른 것보다 먼저라고 주장하려는 어떠한 시도도 헛된 것이
라고 시사하고 있다. 라이트 형제는 릴리엔탈, 스프랫, 샤누트 등의 글
을 읽으면서 비평을 하게 되었다. 그들의 기계장치에 관해 읽으면서 마
치 대화하듯이 소통하곤 했다. 그들은 자신들의 (방법과 사실에 대한)
지식을 그들의 장치에 불어넣었고, 이런 노하우와 과학적, 추상적 지식
그리고 지속적인 아이디어와 유물의 재구축을 모두 연결함은 빈틈없고
모던한 대상세계 개발 작업의 한 특징이라고 할 수 있다. 그리고 이는
도전이기도 하며 또한 보상이기도 하다. 우리가 이 현상에 대해 모르는

53　Samuel Pierpont Langley (1834~1906): 랭글리는 미국의 천문학자·물리학자이
며, 항공기 제작의 선구자._옮긴이주

이유는 비행기에 정열과 애정을 모두 쏟아붓는 이와의 서신을 통해 자극을 받았던 라이트 형제와는 달리 오늘날에는 라이트형제처럼 자신들의 일에 대해 문서로 기록하는 엔지니어들이 많지 않기 때문일 것이다.

이 사례에 대한 설명을 마치기 전에 우리는 나사 홈페이지를 비판하려고 한다. 저자의 분석은 합리적이고 철저하게 보인다. 우리가 만약 그림 4.4에 나와 있는 구성요소 D의 이상화를 그대로 받아들인다면 그의 차후 분석은 그가 **원하는 양항비와 각도 θ**의 관계를 나타내게 된다. 여기서 문제는 이 이상화가 틀렸다는 점이다.

우리는 이를 상측 구성요소에 대한 나의 이상화를 통해 알 수 있다. 만약 그림 4.5 내 구성요소 D의 확대도에서 보이는 것과 같이 내가 D_x와 D_y로 명명한 것들을 각각 항력, 양력과 같게 한다면 상측 구성요소에서의 힘의 균형을 만족하기 위해 C_x와 C_y는 0이어야만 한다. 하지만 그렇게 된다면 임의의 θ를 선택하였을 경우 이 구성요소는 절대 평형 상태로 유지될 수가 없다. 그리하여 우리는 날개에 작용하는 양력과 항력, 또한 D_x와 D_y가 상측 구성요소에 일정량의 회전력을 생성하는 것을 볼 수 있고, 이는 모멘트의 균형뿐 아니라 균형의 필수조건들이 만족되지 않음을 보여준다. 나사 저자의 분석에는 결함이 있지만 놀랍게도 그의 결과는 옳다! 그가 처음에 보여준 그림에서 구성요소 D를 따로 보여주며 설명한 것에만 오류가 존재하는 것이다.

사실, 이러한 방식의 묘사는 라이트 형제로부터 시작하여 역사적 자취가 있다. 그들이 1902년 1월 19일에 샤누트에게 보낸 편지 안에 포함한 그림을 보면 라이트 형제가 표현한 여러 힘들의 도식화가 나사의 그림과 매우 유사한 것을 보여주고 있다. 편지에서 다음과 같이 설명하고 있다.

표면 S에 작용하는 양력은 팔을 회전하며 흔들 것이고... 양력만이 축 AA에 비틀림 효과를 적용할 것이다. 그렇다면 표면 S에 작용하는 양력은 저항 표면 RRRR에 작용하는 수직 압력과 균형이 맞는다. 점선 2-3, 2-4 그리고 3-4는 힘의 분해를 보여주고, 2-3는 표면 S의 양력이며 이는 K, I, B, A, H를 통해 전해진다.[54]

그럼 우리는 라이트 형제의 분석에 오류가 있었다고 말할 수 있는가? 그게 아니라면 우리가 그들의 그림을 잘못 읽고 있는 것인가? 그들은 자신들의 그림을 따로 분리된 강체로 보여주고 있지 않다. 점선들은 단순히 양력과 판에 작용하는 수직력의 상대적 크기와 방향만을 알려준다. 만약 그들의 분석에 진정 오류가 존재하였다면, 또 그들이 여러 기계학적인 개념과 원칙에 대한 완벽한 이해가 없었다고 주장한다면, 어떻게 그들은 자신들이 만든 장치를 통해 압력 중심의 위치와 무관하게 정확한 결과를 얻을 수 있었을까? 콜링우드에게는 미안하지만, 라이트 형제가 알았던 것을 정확히 모사하기 위한 나의 노력은 여기서 기력을 다하였다.

성찰

이 마지막 이야기가 역사를 의미하는 한, 더 존경할만한 과학자의 연구 일부분을 자세히 이야기하는 것처럼, 그것 역시 대상세계 연구의 이야기이다. 그리고 라이트 형제가 나비에의 비망록을 결코 읽지 않았고 갈릴레이가 우리가 알고 있는 만큼 빠른 자전거를 결코 타지 않았더라도,

---

54   위의 책, p. 204.

그 형제는 갈릴레이, 나비에, 현대 공학텍스트의 저자들과, 근본적인 수준에서, 동일한 대상세계 — 정적평형 조건의 세계, 힘과 토크의 세계, 모멘트암과 합력(resultant)의 세계[55] — 안에서 연구하고 있다.

이렇게 다양한 역사적 맥락의 관점에서 저자들은 모두 이러한 측면에서 동일한 언어를 사용하지만 의미상 차이가 있다. 라이트 형제의 세계는 정적 평형조건의 적용을 이해하는 현대인과 관련해서 조잡하고 서투르다. 원시적인 아메리카 민속예술처럼, 라이트 형제의 그림은 깊이가 없다. 그럼에도 그들의 비전은 자신들의 작업의 요구에 대해 충실하다. 결국 그것은 자신들의 기구를 디자인하는 데 기초로 작용하였다. 갈릴레이의 세계는 동일한 세속적 향기를 갖고 있지만 갈릴레이의 대화에는 다른 목적이 있다. 그것은 외팔보를 만드는 방법에 관한 것이라기보다는 자연철학자들이 대부분의 일상적인 현상의 작용을, 우리가 과학적이라고 말하는, 이해하고 설명하는 방법에 관한 것이다. 나비에의 목적도 실제적인 만큼 이론적이다.

세 명 저자의 그림을 비교하는 것과 나의 노력(비틀기)은 유용하다. 갈릴레이의 레버로서의 빔은 물리적 대상에 가깝다. 그런 혼란 속에 있는 지주벽을 보여줌으로써 그는 우리가 그 벽을 구조로서 간주하지 않아야 한다는 것을 강조하려는 것처럼 보인다. 우리들의 조망에 편지만이 끼어들었다. 갈릴레이의 다른 극단에는 오늘날 엔지니어의 텍스트북 그림이 있다. 여기에는 모든 추상과 일반성이 있다. 갈릴레이의 외팔보와 동일한 물리적 대상으로 간주될 수 있는 구체적인 사례가 있지만 그저 일부분에 불과하다. 라이트 형제의 스케치는 매개기능을 한다. 그것

---

55   일부 사람들은 라이트 형제가 "시각적 사고"를 할 수 있는 능력을 타고났다고 주장한다. 나는 특별한 정신능력을 부여하는 것은 불필요하다고 생각한다. **간단히 말해서**, 이와 같은 주장은 어떤 분석도 종결짓는 경향이 있다.

들은 물리적 기구를 제시하지만 물리적 원리와 힘과 모멘트 개념과 관련이 있고 변항과 그 관계를 표시하며 나비에와 갈릴레이의 텍스트이다. 그들의 스케치는 연구에 본질적이며 각각의 장치를 만드는 모형으로서 기여하며 그 디자인의 기능방법을 다른 사람에게 설명하는데 기여한다.

과학은 대상세계 연구에 필수적인 이론틀을 제공한다. 그러나 엔지니어들이 작업하고 텍스트북을 쓰고 디자인하는 과정에서 이용하는 다양한 종류의 과학적 표현과 다양한 형식의 정보 사이에는 분명히 차이점이 있다. 카트라이트는 영역 안에서 현상에 보편적으로 적용할 수 있는 근본적인 수학이론과 특정한 현상 안에서 원인과 결과가 어떤 관계가 있는가를 설명해주는 현상학적 설명을 구별한다.[56] 두 가지 모두 이 장에서 분명하다. 나비에의 분자력이론과 강체의 탄성행위에 대한 코시의 연속체이론은 전자의 사례이며, 보편적으로 적용될 수 있는 수학이론의 사례이다. 빔의 파괴현상에 대한 갈릴레이의 분석과 자신들의 도구에 대한 라이트형제의 분석은 후자의 사례이다. 공학의 구조역학 분야의 현대 교재는 두 가지 표현양식 — 일반적인 수학이론을 표현하고 특정한 구조 부분과 조직 즉, 트러스, 케이블, 빔, 프레임의 움직임을 설명하기 위해 사용된 별도영역과 함께 개념을 정의하는 양식 — 을 포함할 것이다.

일반적인 것과 구체적인 것을 연결하는 노력은 저자에 따라 다르며, 종종 강압적으로 그리고 사소하게 보인다. 그러나 본질적인 것은 보편적인 것으로부터 구체적인 것을 도출하는 성실성이나 완벽함이 아니라 학생들이 두 가지 설명양식에 포함되는 개념적 존재와 물리학원리의 의미를 알게 된다는 것이다. "의미를 안다는 것"은 설명될 수 있는 현상의 범위를 안다는 것이며 새로운 현상, 새로운 구조형식, 새로운 디

---

56   Cartwright, N., *How the Laws of Physics Lie*, Clarendon Press, Oxford, 1983.

자인을 접했을 때 우리가 설명을 구성하고 자신의 이야기와 수학적 분석을 개발하는 방법을 안다는 것이다.

이런 실용성을 향한 경향은, 일부 사람들이 주장하는 것처럼, 엔지니어가 밀접하게 관련된 현상에 대한 다양한 이야기를 즐기고 사용하는 개방성을 설명해준다. 대부분의 엔지니어는 다양한 맥락 안에서 하나의 동일한 구조를 모델화하는 다양한 방법을 조화시키는 통합이론을 개발하는 일에는 관심조차 없다. 이런 것에 관심있는 사람들, 유한요소법[57](finite element method)에서처럼, 구조분석에 대한 일반적인 방법 개발을 연구하는 사람들이 있다. 그러나 대부분의 엔지니어들은 거시세계의 외부에서 자신들의 대안적인 디자인이 특정한 상황에서 어떻게 작용하는가를 설명해주는 이론과 방법을 사용한다.

이 점에서 엔지니어는 일반적으로 자신들의 분석을 검증하기 위해 도구와 표준적인 하드웨어를 사용한다. 라이트형제가 자신들이 디자인한 날개의 움직임을 측정하기 위해 도구를 개발하는 것이 사례이다. 표준적인 하드웨어로 연구하는 과정에서, 그것을 만들고 다시 만드는 방법에 대한 사고와 그것이 작동하는 방법에 대한 해석은 수학적인 탄성이론이나 갈릴레이의 공학적 빔이론을 이해하는 데에 본질적이다. 일반개념, 수학이론, 평형원리뿐만 아니라 표준적인 하드웨어는 모두 구조공학의 적정언어의 구성요소이다.

---

57   finite element method : 주로 유한요소법이라고 말하며, 보통 FEM으로 불리기도 한다. 구조 해석, 유체(流體) 해석, 열 해석, 자장(磁場) 해석 등에서 가장 널리 보급된 수치 해석 방법. 해석 대상을 유한 개의 영역(요소)으로 분할하여 이 영역을 대표하는 절점(node)을 정한 다음, 이 절점의 지배 방정식을 연립 1차 방정식에 근사시켜 푸는 방법이다. 이는 외력에 의한 각 절점에서 변위를 구하여 역학적 변형 등의 결과 값을 수치적인 근사해법으로 구하는 방법이다. 컴퓨터의 눈부신 성장에 힘입어 유한요소법도 급속히 발전하여 공학적 구조계산에 널리 사용되고 있다. _옮긴이주

5장

공학교육

지난 십 년은 공학교육의 혁신에 있어서 눈에 띄는 활동들이 쇄도하는 시기였다. 이번 장에서는 이러한 혁신에 초점을 두어 제안되고, 시도되고, 실현되었던 몇 가지 미국의 변화들을 살펴보고자 한다. 나는 이러한 진전들을 폭넓은 용어들로 분석해보는 동시에 변화를 일으키고, 구성하는 기본적 개념을 이해하고, 이러한 혁신에 대한 제안들이 제대로 작동할 것인지에 대한 가능성을 이해하고 그렇지 않다면, "그 문제"에 대한 어떤 새로운 방식의 생각들이 괜찮을지를 이해하는 데에 비판적이고 철학적인 관점이 우리를 도울 수 있는지 시험해보고자 한다. 나는 필요한 개편을 진행하는 과정에서 엔지니어들이 교육과정을 보는 방식에 어떤 결함과 공백이 있는지를 살펴보는 일에 특히 관심을 갖고 있다. 첫 번째, 전통적인 시스템의 조감도를 개관해보자.

미국에서의 공학교육은 대학에서도 주요한 사업이다. 대표적인 주립대학들은 학부에서, 혹은 과정을 개설하여 공학을 가르친다. 사립 학교들 역시 강한 공학 프로그램들을 갖고 있다. 매사추세츠 공과대학, 캘리포니아 공과대학, 카네기멜론 대학교, 코넬 대학교, 로즈헐맨 공과대학교, 하비머드 대학교, 리하이 대학교, 다트머스 대학교. 모든 곳들이 같은 방식이나 규모로 프로그램을 운영하고 있지는 않다. 예를 들어, 모든 대학들 대부분이 그렇게 인식되고 싶어 할지라도 연구대학 정도의 수준은 아니다.

이러한 사립 대학의 학부 학위 프로그램들은 각자만의 특징들을 가지고 있다. 다른 대부분의 대학이나 공학대학 교육과정에서와 마찬가지로 매사추세츠 공과대학(MIT)의 커리큘럼은 첫 1~2학년 동안에 기초과학과 수학에서 완전한 기초다지기를 요구한다. 학생들의 선택한 학과에 관련있는 공학과학의 몇몇 과정들, 하나 혹은 여러 개의 실험실 경험들, 더 전문화된 어려운 코스의 하위분야들 그리고 캡스톤 디자인 과정, 학위논문, 혹은 4학년 혹은 마지막 해에 해야 할 여러 가지 형태의 프로젝트 연구들이 있다. 학생들은 인문학과 사회과학 분야에서 의미있는 정도의 시간을 보내야 한다. 어떤 프로그램은 상당한 정도 표준에서 벗어나 있다. 하지만 대부분 조감도 차원에서 보면 이것은 우리가 보는 것들이다.

학생들은 대부분 남학생이다. 하지만 최근 정부는 프로그램에 투자를 했고, 대학 지도부는 더 많은 여학생들과 소수학생들을 공학 전문과정으로 끌어들이는 데에 성공했다. 대학에 입학하는 학생들의 나이는 17~18살 정도이며 4~5년 내로 학부 학위를 취득하게 된다. 파트타임 학생들, 중년의 학생들이 있지만, 가장 표준적인 학생들은 내가 보고한 학생들이다.

새로운 커리큘럼들을 계획하는 데에 있어서 자주 간과되는, 학생들 특성 중의 하나는 학생들이 아카데미를 떠나서 어떤 일을 하고자 하는 가이다. 교수들은 주로 그 대졸자들이 엔지니어링 경력을 계속 이어갈 것이라고 가정한다. 엔지니어링 경력은 넓게 봐서 엔지니어링 회사에서 일하는 것뿐만 아니라 공학에서의 메니지먼트, 대학원과정 공부까지를 포함한다. 대학이 오리엔테이션 프로그램을 열고, 다른 길을 원하는 이들을 위해 조언을 제공하지만 (예를 들어 메디컬 스쿨, 로스쿨 혹은 중학교 교사를 위한 준비) 주요한 커리큘럼들은 기계공학, 도시공학, 화학공학, 전자공학과에서 결정하며, 그리고 학생들이 그중의 하나가 될 것이라는 기대에 따라 교수들에 의해서 만들어진다.

　교수들은 주로 남성들이다. 여기서 다양화라는 건 어려운 것으로 드러났다. 정부 프로그램들이 유혹적인 제안들을 제시하고 계몽된 대학 관리자들이 새로운 정책들을 실시 하는데도 마찬가지이다. 교수들이 요구하는 곳들에 취직이 되려면, 연구 역량과 교육에 대한 흥미의 증거로, 아주 예외적인 경우를 제외하고는 박사 학위가 있어야만 한다. 전통적으로 지난 50년간을 미루어 볼 때 고용은, 커리큘럼 기획처럼, 학과 내에 다양한 부서에 걸쳐 배분되던 적은 수의 자리들과 함께, 학과의 업무가 되었다. 이런 점은 연구자금이 관리되고 조정되는 방법이 변화하고 있기 때문에 변하고 있는 것 같다. 연방정부가 국민의 안정과 복지에 있어 중요하게 여겨지는 핫토픽들에 중점을 둔 연구 센터들에 비용 지원을 늘리는 것과 같이, 중앙정부는 더 많은 범위를 점점 더 넓히고 있다. 이런 연구 과제들은 대체로 여러 학문 분야가 관련되어 있어서 각기 다른 분야들의 교수들의 노력이 함께 이루어져야 한다. 학과 장들과 총장들이 이런 요구를 충족시키기 위해 일해 온 덕분에, 그들은 교수직 임용 과정에서 더 많은 기회를 얻어내었다.[1]

　교수직에서 가장 좋은 것들은 종신직이 인정되는 자리들이다. 새롭

1　Masi, B. *The Impact of Strategic Initiative on Structure, Governance and Resource Allocation in U.S. Research Universities*, Ph. D. Thesis, MIT, 2001.

게 얻은 박사가 운이 좋아서 이런 자리를 얻게 된다면 바로 조교수가 된다. 일반적으로 그런 사람들은 삶에 있어서 직업의 안정성을 의미하는 종신직 자리에 대한 증명을 해보일 7-8년 정도의 시간이 있다. 이 점에서는 연구 성과가 가장 중요한 기준으로 남게 된다. 몇몇 학과에서는 종신재직이 결정되기 이전에 이런 승진을 허락하겠지만, 부교수로의 승진이 뒤따르게 된다. 연구를 계속해서 하고, 기대된 방향에 있어 학계와 학회에 기여하고, 필요할 때마다 교육을 하는 한, 종신재직 결정이 된 부교수들은 주로 교수로 남는 것을 기대할 수 있다.

연구의 특별한 주제는 전문가의 개인적 분야뿐만 아니라, 교수 구성원의 전공, 분과, 연구 센터의 관점에 달려있다. 그렇지만 기계공학과 같은 영역에 있어서는 연구가 다른 형태를 취하게 된다. 어떤 사람들은, 그들의 분야에 관련된 특정 현상을 더 잘 이해하는 방법을 찾으면서, 예를 들어 구조 재료의 균열전파에 대한 수학적 설명을 발전시키면서, 과학자로서 이론적으로 가장 근접한 모습을 보여줄 것이고, 다른 사람들은 실험 연구를 통해서 새로운 이론의 구조를 밝혀낼 것이다. 현상의 추측에 있어서 실험을 해보는 것, 예를 들어 콘크리트보로 만들어진 표피 철근의 효과를 테스트하는 것은 또 다른 훌륭한 연구 형태이다.

또 다른 사람들은 수학에 크게 의존할 것이다. 하지만 특정 문제를 해결해야 할 때나 공학 디자인에 있어서, 그들의 관심은 이론의 성과에 대한 평가를 효과적 방법으로 발전시키는 데에 있을 것이다. 어떤 구조의 응력 및 처짐을 계산하기 위한 유한요소법이 발전하여 반세기에 걸쳐서 교수들은 국제적인 연구 커뮤니티를 결성하였다.

여전히 다른 사람들은 특정 물리적 현상보다도 시스템에 맞추어 연구를 진행하기도 한다. 기계공학 교수들은 제조 시스템에 맞추어 연구를 진행하며, 항공우주공학 교수들은 항공 교통 콘트롤 시스템에 맞추어서 연구를 진행하며, 화학공학 교수들은 프로세싱 시스템에 맞추어서 연구를 진행하고, 도시공학 교수들은 건설 시스템, 수자원, 그리고 환경적 시스템에 맞추어서 연구를 진행한다. 시스템의 다목적 최적화를 위한 방법 연구는 이 카테고리에 아주 적합할 것이다.

마지막으로, 더 명확한 방식으로 예를 들어 기술과 정책의 연구 프로그램에서 시스템의 사회적, 정치적 특징과 씨름해야 하는 사람들이 있다. 생체공학에서 학제간 연구 프로젝트는 여전히 다르고, 혼합된 형태를 갖고 있다.

엔지니어링 연구에 있어서 이데올로기는 과학실험실의 이데올로기이다. "실험실"에서 엔지니어들이 마주하게 되는 내용물, 즉 재료는 과학자들의 연구 내용과 매우 유사하다는 이야기를 하려는 것이 아니다. 정말로, 아무 재료도 없을 수가 있거나, 보여지고 조작된 것은 단지 가상적 현실감을 가지고 있을 뿐이다. 오히려, 지적인 연구의 성격이 동일하다는 것을 이야기하고 있다. 물리학, 화학, 수학에서처럼, 연구과제나 프로그램 주변의 경계선들은 가깝게 그려져 있다. **다른 모든 조건이 동일한 상황하에서**라는 구절 속의 "모든 다른 것들"은 하나의 큰 집합을 형성한다. 하나의 세계는 큰 세계로부터 떨어져 나와 정해져있고, 그래서 그 분야에 관련한 질문들은 잘 제안될 수 있고 대응하여 적당한 양의 결과를 얻을 수 있다. 엔지니어링 연구 과제의 세계는 탁월한 대상세계이며, 새로운 제품의 디자인과 발전에 참여하는, 세상 엔지니어들의 일에 필수적인 전문 분야 모형(disciplinary matrix)에 해당하는 것보다 더 좁고 한정되어 있다.

나의 주제가 공학 학부 교육이긴 하지만 나는 공학 연구에 대해서 이야기하고 있다. 왜냐하면 나는 엔지니어링을 가르치는 선생님들이 강의실에 가져오는 기초적인 믿음과 가치들을 살펴보고 그리고 어떻게 이런 것들이 교육 개편에 영향을 미치는지를 살펴보고 싶기 때문이다. 세계, 우리의 학생들, 과정의 내용들, 개념들, 원리들 그리고 가치있는 방법들에 대해 선생님들과 비슷한 관점을 가지는 방법은 우리가 우리의 연구를 바라보고 진행해나가는 방법에 달려있다. 무엇이 중요하고 잘 제안된 연구 과제를 만드는지, 어떤 방법의 사고가 합리적인지, 어떤 방법이 적절히 적용되는지, 그리고 무엇이 획기적인 결과를 만들어 내는지에 대한 우리의 아이디어들은 우리의 교육적 노력을 안내하고 제한하며, 목표를 설정하며, 과정의 내용을 고정시키며, 학생들과의 관계를 만들고, 우리가 그들의 과정을 평가하는 방법을 결정한다. 나의 주장은 과학적이고 중요한 핵심과 연구의 기풍이 우리가 학부 공학교육을 바라보고 재구성하는 방법을 확정하며 한계를 정한다는 것이다.

연구 이상과 규범들은 내가 한 번 이야기했었던, 공학교육에 대해 생각하는 공학교수들의 토대를 마련해주는 아래의 제안들을 뒷받침한다.[2]

- 수학과 과학은 제일 중요하다. 기기 분석법, 핵심에 대한 환원주의 관점은 전공 실습에 있어 기본적이다.
- 엔지니어들이 마주하게 되는 기술적 문제들에는 기술적 해결책들이 있다. 독특한 방법들은 학교에서 배운 기기분석법을 이용하면서 찾을 수 있다.
- 지식은 물질적 실체와 같다. 지식은 독립된 블록으로 분리될 수 있다. 커리큘럼 디자인은 알맞은 블록을 고르는 일이고, 블록을 순서

2   Bucciarelli, L.L., "Educating the Learning Practitioner", Invited Lecturer, SEFI Annual Conference, Vienna, Sept. 1996.

에 맞게 배치하는 일이기도 하다.

- 공학교수는 권위의 원천이며 모든 지식의 분배자들이다. 우리는 그 블록들을 노트필기하며 감성적인 학생들에게 옮긴다.
- 우리의 졸업생들은 공학실습을 시작할 것이다. 그곳에서 그들은 혼자 일을 하는 개인으로서 지식블록을 응용하는 과정에서 각자의 효율성과 창의성에 대해 보상받을 것이다.
- 우리가 가르치는 것은 몰가치적이고, 독립적이며, 널리 적용가능하다.

몇 세기를 지나면서, 이런 제안들이 더 이상 신뢰할만한 것으로 받아들여지지 않던 엔지니어링 프로그램에 변화가 있었다. 변화는 부분적으로, 교수들이 자신들의 학생들이 전공에 진입하면서 어떤 일을 하는가에 대한 이미지를 확장시키는 과정에서 촉발되었다.

위의 항목들을 제안했을 때, 나는 엔지니어링 실습의 두 가지 이미지에 대해서도 썼다. 하나는 전통적인 이미지이며, 다른 하나는 모던한 이미지이다. 내가 이렇게 한 이유는 커리큘럼 개정을 논의할 때 교수들은 후자뿐만 아니라 전자도 언급하기 때문에, 커리큘럼 개정에 대한 내 분석에, 탐구의 이상과 규범뿐만 아니라 산업의 필요를 이야기하는 것을 포함시키고 싶었기 때문이다. 이런 두 가지 표현들은 근무하고 있는 전형적인 졸업생의 이상적 타입, 만일 원한다면 보통사람, 이상적 타입으로 간주될 수 있다. 그것들은 공학교수로서 우리가 함께 짊어지고 가는 두 개의 다른 비전이며, 커리큘럼 토론과 위원회 회의 등에서 언급하는 비전이다. 나는 전통적 타입을 50년대의 이상적 타입으로 명명하였다. 다른 것은 좀 덜 선명하지만 만들어지고 있으며, 나는 이것을 90년대의 이상적 타입으로 구분했다.

50년대의 타입은 과학 분야에서 잘 찾아볼 수 있다.[3] 그는 복잡한 군수산업, 항공시스템 공학과 인접한 종류의 복잡하고 하이테크적인 문제에 있어서 이 지식을 적용한다. 그는 크고, 잘 갖춰지고, 짜여진 권위적 조직의 직원처럼 이 일을 한다. 그는 기술적으로 포커스를 맞추고, 전문성을 살려서 사무실에서 고생스럽게 일한다.

그의 회사는 상당한 정도의 큰 예산을 연구에 사용한다. 모든 사람들의 편의와 국가의 안전을 위해 디자인된 상품과 시스템이라는 세련된 "닫힌 시스템"의 발전과정에서 강력한 연구 토대는 필수적이다. 몇 년이 지나자 50년대 타입은, 그의 연구 능력을 끌어올리기 위해, 아마 박사를 계속하기 위해서, 그리고 산업 혹은 정부 실험실에 다시 들어가거나 계속해서 확대되는 일부 공학부의 교수진으로 참여하기 위해서 대학으로 돌아왔다. 산업에 남기로 결정하는 사람들이 결국 경영적 책임을 떠안는 반면에, 그들이 사업의 이런 측면에 대한 관심을 거부하는 한, 기술 전문가들이 그 공로를 인정받고 보장받기 위해 복선형 경력경로[4](dual career ladders)를 선택할 가능성은 남아있다.

90년대의 이상적 타입은 약간 다르다. 그녀(90년대의 이상적 타입)는 기본을 충실히 준비했으면서도, 좀 더 다방면으로 훈련되어 있다. 팀으로 일하는 것에도 준비되어 있다. 생각을 제대로 표현하고, 소통하고, 제안을 옹호하는 일에 능하다. 90년대 타입은 협상에 열려있고, 불확실성에 어떻게 대처하여 일해야 하는지 알고 있다. 그녀는 자신의 일

3　주의: 이것은 "이상적 타입"이며, 내가 교수들의 저작물과 교과과정에 대한 발표에서 추론한 추상적 구성물이다.

4　복선형 경력경로(dual career ladders): 조직이 이원적 혹은 복선형 경력경로를 설계하고 근로자 중 어떤 이는 기술역량을 그대로 발휘할 수 있도록 어떤 이는 관리자의 영역으로 넘어갈 수 있도록 경로를 따로 두어 관리하는 제도를 의미한다._옮긴이주

을 다방면으로 다채롭게 인식한다. 월요일에는 제품 사양에 있어 마케팅적 측면을 타결시키고, 다음 날에는 실험실에서 물건의 안정성에 대한 데이터를 만들어내기 위해 시간을 보낸다. 그녀는, 자신의 능력을 필요로 하는 세 개의 프로젝트를 모두 처리하기에 충분한 시간을 가진 것으로 보이지 않는다. 그녀의 회사, 90년대 타입의 회사는 큰 정부 계약과는 약간 떨어진, 이익을 추구하고, 생존하기 위해 애쓰는, 좀 더 작은 규모이다. 회사의 제품들은 정보 기술 집약적이지만 대중을 위해 디자인 되었다. 제품 디자인과 발전은 기업가의 일처럼, 현재 선호되는 일이다.[5] 90년대가 정신없이 바쁜 세계로부터 대학으로 돌아올 때, 그녀는 공학 뿐만 아니라 비즈니스 혹은 기술과 정책 분야의 프로그램을 맡으려 한다. 로스쿨의 가능성도 있다.

　만일에 우리가 50년대 타입으로 우리의 졸업생들을 본다면, 연구의 목적과 교육의 목적 사이에 불일치가 없다. 만약에 다르게, 우리가 그들을 90년대 타입으로 그려보면, 그들은 연구의 목적과 이데올로기 그리고 교육의 목적과 이데올로기 사이를 분리할 것이다. 나의 주장은 우리가 옛날 것에서 새로운 것으로 넘어가고 있다는 것이다. 왜냐하면 학문에 대한 우리의 프로그램이 효과적이고 시대의 요구를 충족시킨다면, 교육을 위한 새로운 내용과 수단을 발전시키는 것 뿐만 아니라, 우리 학생들이 어떤 것을 이해하고 이해할 수 있기를 바랄지에 대한 생각의 새로운 방법을 발전시키는 일에 교수, 학교, 공학대학이 힘쓰고 있다는 강한 증거가 있기 때문이다. 이런 일부 활동에 대해 살펴보

5　나는 50년대 타입이 위험한 일을 하지 않았다거나 자신의 회사를 시작하지 않았다거나 로스쿨을 가지 않았다거나 의과대학을 가지 않았다거나 마케팅교사가 되지 않았다고 주장하는 것이 아니다. 나는 실재를 묘사하려고 하는 것이 아니라 지배적인 신화, 가치, 신념들에 대해 언급하고 있다.

도록 하자.

개편

먼저 지금까지 진행된 공학교육의 자취를 살펴볼 필요가 있다. 지난 몇 십년 동안 일부 교수진들 사이에 있었던 학부의 공학교육 개편에 대한 관심의 성장 정도를 보기 위해, 우선 그들의 불어난 숫자를 살펴보고 논문의 취지와 범위를 기록해보자. 국립과학재단은 지금까지 알려지지 않은 수준에서 개편에 목적을 둔 프로그램들에 재정적 지원을 해왔다. 그리고 인증 기준에 책임이 있는 기관인 미국공학교육인증원(ABET) 은 학부생의 공학 학위 프로그램의 내용을 위한 추천서를 최근에 개정 했으며 그것의 평가를 위해 완전히 새로운 시스템을 만들었다.

리차드 펠더 교수 이외의 다른 사람들은 미국공학교육인증원의 새로 운 요구사항을 다음과 같이 요약했다.

우리는 기초의 범위를 강화해야 한다. "현실세계"의 공학설계 및 운용, 품질 관리 등을 가르치고, 공학의 미개척 분야를 개발하고, 말과 글로 커뮤니케 이션하는 방법과 팀워크 스킬에 있어서의 더 좋고 많은 방법들을 제공하고, 비판적이고 창조적인 사고 방식과 문제 해결의 방법들을 제공하고, 공학윤 리와 기술-사회간의 연결을 능숙하게 하는 졸업생들을 배출하고, 공학교과 과정 시간을 줄여서 보통의 학생들이 4년 안에 코스를 마칠 수 있도록 해야 한다.

저자들은 계속해서 이야기한다.

현재의 커리큘럼에 새로운 것이 아무것도 추가되지 않았다고 해도, 과정을 진행시키는 데에 더 효율적이고 효과적인 방법이 나타나지 않는 이상, 4년에 이것을 정비하는 것은 거의 불가능에 가깝다.[6]

이 중대한 도전은 쉽게 무시당하지 않았다. 교수진과 학과, 학장과 전체 협회는 개정에 큰 돈을 투자했다. 각각의 다른 학교와 대학 프로그램들을 조사하면서, 우리는 제안되거나 실제로 행해지고 있는 개정을 볼 수 있었지만 동시에 일부 주요 주제만을 볼 수 있었다.

하나의 공통된 추천은 수동적인 학습이 아닌 능동적 학습으로 방향을 전환시키자는 것이다. 펠더 이외 다른 사람들은 다시 말한다.

고등 교육에 대한 전통적 접근에서, 교수는 강의실에서 지혜를 퍼뜨리고, 학생들은 수동적으로 그것을 흡수한다. 그 보고서가 말하기를, 짧은 기간 내에 외우고 다시 기억해내는 데에 있어서, 이런 구조는 사실적 정보의 큰 구조들을 보여주는 데에 효과적이다. 만약 그 목적이 정보를 오랜 시간 동안 보유할 수 있도록 도와주는 것에 있었다면, 학생들의 문제 해결 능력이나 사고방식을 발전시키는 것을 돕거나, 과목에 대한 흥미를 자극해주거나, 공부하기위해 더 깊은 접근을 하도록 북돋우면서 학생들을 적극적으로 참여시키는 교육이 일방적 강의보다 더 효과적이라고 일관되게 생각했을 것이다.

… 그 도전은 수업의 통제를 잃거나 중요한 과정의 내용을 희생시키지 않으면서, 생산적인 활동에 대부분의 혹은 모든 학생들을 포함시키는 것이다.[7]

---

6   Felder, et al(2000), in "The Future of Engineering Education II Teaching Methods That Work", *Chem. Engr. Education*, 34(1), pp. 26-39.

7   위의 논문, p. 33.

수동적 학습에서 능동적 학습으로 바꾸는 것의 예시 중 하나는, 강의 포맷을 버리고 학기 동안 디자인 프로젝트에 학생들을 직접 참여시키는 몇몇 공학 프로그램들에 학생들의 교육과정 초반에 "공학 입문" 과정을 포함시키는 것이다. 학생들이 다른 훈련들의 내용을 전부 공부하여 마스터하기 전까지 디자인과정을 진행할 수 없다는 전통적 개념에 대한 의문이 제기되기 때문에 중요한 과정 내용을 빠뜨리지 않아야 한다는 요구가 있긴 하지만 이런 혁신은 저항에 부딪힌다. 정말 중요한 기본 사항은 새로운 상품과 시스템을 창조적으로 종합해야 한다는 요청이다. 예를 들어서 기계공학 학생들은 자동차 같은 중요한 디자인 작업을 하기 전에, 반드시 구조공학, 유체역학, 제어공학과 열역학을 공부해야 한다. 이것은 디자인에 대한 공부가 전통적으로 졸업학년의 캡스톤 디자인과정에 남겨져 왔는지에 대한 이유이다. 그러나 지금 많은 공학분야에 관련한 학교 및 대학들은 첫 해를 맞은 학생들에게 디자인 공부를 요구한다. 이것은 '그리기' 과정이 아니며, 디자인 업무와 관련된 맥락에서 공학의 기초(예를 들어 놀이터의 탈것 디자인, 풍차, 현수교, 등등)를 배우기 위해 만들어졌다. 과학과 이론이 먼저라는 그런 생각은 조금씩 바뀌었다. 새로운 아이디어는 우리가 좀 더 현상적인 이해에 직접 다가갈 수 있으며, 어느 현장에서든지 실제 공학 업무를 수행할 수 있다는 것이다.

다른 개편은 "실습"이라는 명분하에 이루어진다. 과학교육 혼자서는 공학적 실천과정에서 생존할 수 없고 더구나 우수하지도 않다는 것에 대한 확실한 인식이 있다. 실험실의 작업, 기계가공과 하드웨어 조작기술, 설계시공 프로젝트, 시제품화와 테스트의 새로운 안내에 대한 논란에 있어서 "기본으로 돌아가자"는 움직임이 있다. 하지만 이것은 뉴턴의 법칙이나 평균값정리와 비교했을 때 약간 다른 종류의 기초이다. 상품 분석, 즉 학생들이 기계 장치를 분해해서 왜 그 부분이 그런 특징을 가지고 있는지를 알아보려고 시도하는 상품분석은 학생들이 기술과 기능의 공학적 원리와 평가과정에 참여하는 하나의 방법이다.

능동적 학습에 대한 강조는 또한 "문제에 기반한 교육"에 대한 제안을 정당화시키는 것이며, 커리큘럼에 따른 개방적 디자인 타입 훈련의 통합이며, 첫 해나 마지막 해에만 할 일은 아니다. 글쓴이를 포함한 몇몇의 교수진은, 개방적 활동 안내를 모든 과정(디자인과정 뿐만 아니라 공학적 과학 주제, 실험실과정)과 모든 레벨에서 진행시켜보았다. "개방적 결말"은 하나의 문제에 하나 이상의 답이 있다는 것을 뜻하며, 많은 경우에 하나의 답을 얻기 위해 하나의 방법 이상이 있어서 학생들은 무엇보다 문제를 공식화하는 데에 참여해야만 한다는 것을 뜻한다. 목적은 디자인 자체를 가르치는 데에 있는 것이 아니라, 단순히 무시되지 않는다면 전통적인 커리큘럼에서 일반적으로 경시되고 있지만 감식력 있고 사려깊은 연습에 꼭 필요한 공학 전문가적 사고의 특성에 대한 학습을 다시 조정하는 것이다.

아마 개편에 있어서 가장 성공적이지 못한 시도는 컴퓨터와 정보 처리 기술의 끝없이 커지는 힘과 복잡화에 대해 투자를 시도했지만 기술에 대해 최대한의 이익은 뽑아내지 못한 것이다. 만약 누군가가 오래된 것을 바꾸지 않은 채로 새로운 것과 오래된 것을 합치려고 한다면(그것은 과정의 내용 변화에 대한 고려 없이 그저 우리가 학생들에게 기초가 될만한 것이라고 생각하는 것인데) 결과는 기대할 것도 없다. 만일 우리의 과제가 유일한 해결책을 가진 잘 포지셔닝된 문제로 한정되어 남는다면, 컴퓨터를 이용하는 것은 정당화되지 않을 것이다.

역설적으로, 기대에 부응하던 기술의 실패는 아마 기술이 매년 발달하는 정도에 따라서 혁신 그 자체 때문에 비난받을 수 있다. 교수들은 일반적으로 4-5년에 걸리는 수업과정에서 사용하는 강의자료를 바꾸지 않는다. 수업 계획서, 선호하는 교과서, 문제와 연습들에 관한 책들은 비교적 변하지 않는 자료들이다. 이와 동시에, IT의 가능성에 있어서는 그 변화가 점점 더 극적인 것으로 보인다. 만일 이것을 향후 1-2년 안에 다시 해야 한다면, 이런 상황에서 교수진은 돈에 관련되어 있다 하더라도 컴퓨터 기술을 받아들이고 익숙해지는 것에 시간과 힘을 들여 연구하지 않을 것이다.

여전히 매년 학생들과 교수진의 삶에서는, 교실 밖에서 즉석방법 뿐만 아니라 예를 들어 교과과정을 통해 개방적 훈련을 도입하는 것처럼 수업 내용과 목표에 있어서의 실질적인 혁신을 적용하는 데에 있어서, 기술의 합병이 계속 일어난다.

위와 같은 관찰은 전통적인 수업에 적용된다. IT가 그 풍경을 바꾸고 있는 하나의 부가적인 매우 중요한 방법이 있는데, 기술 그 자체는 커리큘럼 개편에서 하나의 중요한 경향이 되었다. 즉, 새로운 생산품과 시스템이 발전하는 과정에서 컴퓨터와 정보 기술(제약회사와 그들의 가공과정, 항공 운송 교통과 통제시스템, 아이들을 위한 장난감, 어른을 위한 장난감, 심지어 환경에 반응하고 무언가가 잘못되었을 때 집에 전화하는 "스마트한" 도시 공학 구조)은 매우 지배적인 것으로 보여서 이러한 시스템을 디자인하고 만들어내는 도전들에 참여하기 위해서 공학 부문에서 주요한 변화들이 진행되고 있다. 우리는 새로운 교과과정의 안내와 정보 시스템에 초점을 둔 전공 분야 안의 "트랙"까지도 보게 된다. 이러한 새로운 프로그램들 내에서는 변화를 위한 이중적인 기회가 있다. 기초적인 것들과 공부해야 할 것들은 만들어지는 과정에 있으며, 이것은 기술 자체의 새로움과 더불어서, 교수와 학습의 새로운 방법들을 테스트해보고 발전시켜보는 과정에서 비교적 자유로운 분야를 보여준다. 이 도전을 어떻게 타개할지는 시간이 말해줄 것이다.

개편을 조금 더 성공적으로 시도하기 위해서는, 적극적인 학습을 향한 움직임과 학생 체험에 다시 주목해보는 것이 기본적으로 중요하다. 우리는, 전통적으로 대부분의 공학 교과과정과 "정형화된" 실험실의 연습에서 전형적인 방식이 되어온 단편적인 대답형 문제를 위한 교수법에서, 개방형 과제로의 변화를 보게 된다. 지식은 포장된 상품이 아니라 하나의 사건이 된다.

비판

학부의 공학교육 개편이 진지하게 진행되고, 역사에서 볼 수 없었던 지원을 받고 있다고 해도, 이 노력들 중 어느 부분들에 대해서는 비판할 필요가 있다. 그렇다, 우리 교수진은 강의실에서 학생들을 적극적으로 참여시키는 교육의 장점을 알고 있다. 우리의 수업 계획서에 어떤 주제와 방법들을 포함시킬 것인지에 대한 질문과 고민 과정에 더 이상의 제한은 없다. 현재 강의실에서 일어나는 혁신에 따른 실험들이 있는데, 이것들은 교육에 있어서 학생들과 학생들의 체험에 촛점을 두는 변화로 보이며, 학생들은 물론이고 우리의 혁신과 우리의 교육을 좀 더 진지하게 평가하고 있다. 아직 우리의 담론은 부자연스럽다. 우리가 개편의 도전을 볼 때, 우리는 도구적이고 과학적인 분석의 색안경을 통해 바라본다. 내가 입증하고 싶은 것이지만, 펠더의 개편에 대한 설계에서 볼 수 있듯이, 이것은 리뉴얼의 가능성을 확실히 제한한다.

우리가 교육 목표를 설정하고 우리 학생들이 이에 부합할 수 있는지 알아보기 위해 테스트하는 방법에 대해 펠더가 제시하는 제안을 예로 들어보자.

> 교육자는 교육목표에 특성화된 행동을 직접 관찰할 수 있어야 하며 교육목
> 표에 특성화된 행동은 가능한 구체적이며 애매하지 않아야 한다. 이런 이유
> 때문에, **알다, 배우다, 이해하다, 인정하다**와 같은 동사들은 용납되지 않는
> 다.[8]

학생들이 해야 할 것들은 다음과 같다: **정의, 계산, 측정, 개요 작성, 목록 작성, 식별, 설명, 예견, 모형화, 추론, 비교와 대조, 디자인, 창조, 선별, 최적화**. 이것들은 짐작건대 "직접 관찰 가능한" 행동들이다. 반면에 그가 알고 있는 바대로, 학생들을 알고, 배우고, 이해하고, 인정하는 방향으로 이끄는 것은 "... 아주 중요한 목표들이다... 그것들은 직접 관찰 가능하지 않다". 이것이 시사하는 바는, 학생들이 정의하고, 계산하고... 등등의 것을 할 수 있는지를 알아보는 테스트는, 어느 하나가 다른 것들을 충족시키는지 여부에 대한 간접적 측정의 방법을 제공하는 것인데, 많은 교수들은 이것을 좀 더 부드러운[9] 교육 목표라고 부를 것이다.

지금 여기에서는 학생에 초점을 두기로 하자. 그러나 그것은 행동주의자의 대상으로 간주되는 학생이다. 행동주의자는 교육 자재를 제공받아, 알맞은 종류의 질문과 함께 진행하며, 우리가 직접 관찰하고 측정할 수 있는 반응을 내놓는 사람이다. 이런 추천을 감안하면, **가르침**에서 **학생의 배우는** 문제로 포커스를 급히 옮기는 결정의 의미는 애매

---

8 위의 논문, p. 27.

9 소프트(soft)는 도구적 방법이나 개량적 방법으로 측정하지 못하는 특색이나 성질 ― 관념, 논증, 명제 ― 을 특성화한다. 엔지니어는 하드(the hard)를 취급한다.

하고 문제가 많다.

이와 같은 도구적 관점은 우리가 설명할 때 사용하는 비유에 반영되어 있다. 나는 많을수록 좋다는 뜻을 내포하면서 이미 "재료로써의 지식"이라는 메타포를 서술하였다. 4년이라는 기간 동안의 커리큘럼 안에 오래된 것과 새로운 것을 포함하여 모든 것들을 맞추는 것은 불가능하다고 지적하면서, 미국공학교육인증원이 제기한 도전에 대해 펠더가 평가하는 부분에 "재료로써의 지식"이라는 메타포가 다시 한 번 나온다. 이것은 완전히 새로운 교과과정을 첨부하면서 교수들이 새로운 내용 예를 들어, 윤리학, 커뮤니케이션 기술을 포함시키기 위해 제안하는 방식에도 반영되어 있다.

아주 밀접하게 연결된 메타포인 "컴퓨터 같은 마음"은 펠더의 행동주의적 이미지에서 분명하다. 그는 보다 명쾌하게 다음과 같이 쓴다.

교육에 있어서 우리의 목표는 학생들의 장기 기억에 부호화된 기술과 정보를 얻는 것이다.[10]

학업 과정에 필요한 것들과 학위 프로그램을 이야기하는 과정에서 자주 쓰이는 또 다른 비유는 내가 "프로덕션 메타포"라 부르는 것이다. 여기서 교수들은 학생들을 "산업용제품"으로 묘사한다. 그들의 시각은 대량 생산 과정에 있다. 그들의 일은 학생들이 학과에 들어갈 때, 학생들을 붙잡아두는 것이며, 다음으로 커리큘럼 과정에서 학생들이 동일한 방식에 따라 움직이는 것처럼, 조야한 날 것의 재료를 처리하며, 모양을 만들고 윤기를 내는 것이다. 마지막으로, 거부되지 않는다면, 교

---

10   Felder, et al(2000), 위의 논문, p. 30.

수들은 학생들이 아주 기능적으로, "산업의 요구"를 잘 맞춰주길 기대한다.

이와 같은 메타포는 "제 시간에 이뤄지는" 배움에 초점을 맞춘 교육과정 개편을 지지하는 교수들의 제안서에도 분명하게 나타난다. 주로 이런 방법은 프로젝트에 기반하는 사례연구 혹은 디자인 업무 교육의 맥락에 적용되었다. 그 생각은 즉각적인 연습을 진행하기에 적합한 수준에 맞게 학생들을 노출시키고 그러한 것들만 가르치는 것이다. 교수들은 즉각적인 문제를 해결하기 위해 필요한 것을 전달해주면서, 지식의 구성품과 소스들을 가져와서 자신들이 필요로 하는 시간대에 제공한다. 그 이상은 없다.

그 방법은 분석에 관련된 종합의 중요성을 강조하며, 이에 따라 적극적 학습을 증진시킬 수 있는 것은 칭찬할만하다. 모든 것은 잘 이루어지고 좋다. 펠더의 말에 의하면, 효율적이고 효과적이다. 문제는 학생들에 대해 이렇게 생각하고 이야기하는 것은 건강하지 못한 결과를 초래한다는 것이다. 예를 들어, 프로덕션 메타포에서 객관식 테스트는 학생의 성취를 그들의 위치에 따라 매우 자연스럽게 종모양의 빈도분포로 측정한다. 교수들은 학생들의 질을 이야기하고, 그들의 교육적 표준이 너무 느슨하거나 타이트하지 않은지에 대해 걱정한다. 몇몇 학과는, 통계 품질관리의 명령에 따라, 그 분포도의 왼손 꼬리 쪽에 위치한 학생들을 탈락시켜야 한다고 요구하기도 한다. 학생들의 교육을 이렇게 종합해서 말하는 것이 유용하지 않고, 유익하지 않다고 말하려는 것이 아니다. 그렇지만 이것이 학생들의 성취 정도를 알려주거나, 선생님으로서 우리가 효과적인지를 테스트하는가? 아마 우리는 생산구조를 잘 살펴봐야 할 것이다.

이런 모든 형상화는 학생들을 물건으로, 인공물로, 컴퓨터로, 생산품으로, 양동이로 보거나, 혹은 채워지거나 가격이 매겨지고, 지식이라는 물건이 채워져서 적합한 기술을 적용한 컨테이너로 보는 중요한 관점을 반영한다. 이것은 인체 공학물 같이 혹은 어떤 제한된 선호를 가진 전체 소비자 같은 사용자와 함께, 엔지니어들이 연구자들처럼 자신들의 시스템을 모델링하는 과정에서 만들어내는 종류의 생각과 일관된 관점이다. 만일 우리가 색안경을 쓴 채로 계속 나아갈 수 있다면, 이것이 어떻게 달라질지 알아채기조차 어려워질 것이다. 만약에 우리가 이것을 벗지 않는다면, 미국공학교육인증원이 차려놓은 도전을 극복하기도 정말 거의 불가능할 것이다. 정해진 모든 것들을 4년 안에 "해결"하기에는 시간과 공간이 충분하지 않다.

다른 관점

이스라엘 셰플러는 교육철학의 에세이 모음집 중 기초적인 수학 능력 교수법에 대한 장(章)에서, 세상을 다르게 본다. 그는 지식개념을 교육 목표와 커리큘럼 요건의 유일한 기초로서 과목의 주요 원리와 방법의 습득으로 간주하는 것은 충분하지 않다고 주장한다.

> 교육의 목적은 판단의 습관 형성, 개인의 발전, 표준의 향상, 이해의 촉진, 감식력과 안목의 발전, 호기심과 궁금증의 자극, 스타일의 조성, 심미안, 아직 알려지지 않은 새로운 아이디어와 비전에 대한 갈증의 성장 등을 총망라 해야 한다.[11]

---

11   Scheffler, I., *In Praise Of The Cognitive Emotions And Other Essays In The*

...수학에서 성공적인 성취는 일반적인 기술뿐만 아니라, 인내와 자존감, 직관적 판단을 시도하는 의지와, 정확성에 대한 이해, 그 이외의 것 등의 일반적인 태도와 특성에 달려있다.[12]

그리고 다른 장에서 그는 펠더와는 반대로, 마음을 컴퓨터에 비유하는 것의 단점을 드러내고 강조하면서, "...정보의 개념은 우리 교육의 목적을 적절하게 표현하지 못한다."고 말한다.

심지어 정보의 **똑똑한 사용** 능력조차도 문제 해결에 관한 우리 교육의 목적을 표현하기에 충분하지 않다....

나아가서, 문제해결과정에는 사실의 인식과 기억만이 아니라 난점과 부조화, 변칙의 인식 기억 등이 필요하다. 이것은 단순히 사실을 긍정하는 것이 아니라 가정을 즐기고, 받아들여진 것을 거부하고, 가능성을 생각하며, 의심되거나 거짓된 것을 정교하게 다듬고, 친숙한 것을 질문하고, 상상할 수 있는 것을 추측해보고, 들어보지 못한 것을 발전시키는 것이다. 진리를 저장하고 적용하기만 할 줄 아는 지성은 문제 해결과정에는 매우 무력하다.[13]

여기에 다른 관점이 있다. 그것은 너무 성격이 달라서 과연 공학교육과 관련이 있는가를 판단하기에는 불가능해보인다. 눈을 비벼가며, 이것이 어떻게 계몽적인지를 탐험하고 머릿속에 그려보자.

우리는 전체 패키지를 살 필요는 없다. 개인의 발전과 기준의 상승은

Philosophy Of Education, New York: Routledge, 1991, p. 72.

12   위의 책, p. 73.

13   위의 책, p. 93.

한쪽에 잠간 제쳐놓자. 만약 우리의 주제가 창의성과 혁신을 촉진하는 방법에 관한 것이라면, 대신에 호기심과 궁금증, 새로운 생각, 아직 알려지지 않고 들어보지 못한 것에 대한 이야기는 우리가 나누게 될 종류의 대화처럼 들릴 것이다. 그리고 우리는 이미 연습 중인 엔지니어들이 왜 우리의 생산품들이 제 기능을 못하고 있는지를 설명하기 위해 자신들의 상당한 시간과 힘을 어떻게 사용하였는지에 대해 이야기했다. 이런 모드에서의 문제 해결은 난점과 부조화, 변칙을 인식하는 것, 가정을 즐기는 것, 가능성의 개념 등을 정말로 필요로 한다. 더 문제가 되는 것은 아마 잘못된 것을 정교하게 발전시키거나 받아들여진 것을 거부하는 생각이다.

그러나 셰플러가 휩쓸어버린 재료들을 엔지니어 교육에 관련있는 것으로 받아들여보자. 우리가 개념과 원리, 법과 재산, 문제해결을 위한 알고리즘 방법들에 대한 정보를 학생들에게 전달하는데 이것보다 더 많은 것을 찾아야 한다는 점을 인정해보자. 사실상, 우리는 이미 이것들을 따르고 있으며, 적어도 학생들과 함께하는 우리의 강의와 토론과정에서 암암리에 이것들을 따르고 있다는 것을 주장할 수 있다. 우리는 어떻게 진행해야 할까?

첫 번째 단계는 과정이 결과만큼 중요하다는 것과 수단은 목적만큼이나 중요하다는 것을 명쾌하게 인식하는 것이며, 연습이 진행되고 학생들이 그럭저럭 해내는 방식이 그들이 제출하는 대답만큼이나 중요하다는 사실을 명쾌하게 인식하는 것이다. 우리는 난점, 부조화, 변칙에 대한 인식을 포함하기 위해 "기본"의 범위를 넓힌다. 즉, 별난 가정들을 즐기고, 친숙한 것에 의문을 제기하고 즉흥적인 것들을 격려하기 등이다.

다음 단계는 실제로 이것을 어떻게 할지 상상해보는 것이다. 즉, 기초를 가르치고 배우는 과정과 매개될 수 있는 주제와 훈련을 구성하는 것인데 그 기초는 이제 우리 교육과정의 전통적 교과내용의 중심 포인트보다 많은 것을 포함한다. 기계공학과정에서, 구조와 기계의 움직임을 서술하고 설명하는 기초개념과 원리는 중심단계에서 매우 중요한 것으로 남아있다. 힘과 변위, 평형과 연속성, 마찰, 탄성, 운동과 에너지, 정역학과 동역학은 학습해야 할 중요한 언어로 남아있다. 목적은 전통적인 것들을 대신하는 것이 아니라 그것들을 배우는 맥락을 풍요롭게 하는 것이다.

나는 세 가지 접근법을 고려하고 있다. 첫 번째는 역사를 활용하는 것이며, 두 번째는 학생들의 오해에 기초하고 있으며, 세 번째는 이미 언급한 종류의 디자인 유형의 자유로운 연습이다.

역사의 활용

역사와 과학, 기술의 역사는 모순과 추정, 받아들인 것의 거절, 상상과 즉흥적인 것에 대한 생각 등으로 가득 차 있다. 역사의 진지한 연구를 통해 우리는 무엇인가를 밝힐 수 있으며, 선조가 오류에 빠져있는 경우에도 지식에 기여할 수 있다. 예를 들어, 갈릴레이가 보를 레버로 잘못 분석한 것을 사례로 들 수 있다. 우리가 서술한 논평에서, 갈릴레이의 결과가 잘못되었다 하더라도, 그의 방법은 지극히 현대적이었다. 실제로 이것은 갈릴레이를 과학의 재탄생에 있어서 중요한 인재, 우리의 어깨를 기대고 있는 거인으로 만드는 방식이다. 이것은 과학적인 사건보다 기술적인 사건에 더 가까웠다.

그는 우리에게 추상적 모델과 구체적인 인공물 사이의 연관성을 보여주었다. 그는 원인과 결과를 분석적 이야기로 관련지었다. 그는 자신의 분석의 목적과, 이것이 어떻게 예측에 사용될 수 있는지를 설명했다. 외팔보가 파괴될 때를 예측하는데 분석이 어떻게 사용되는지를 보여주면서 분석의 목적을 설명한다. 구조의 전체 집합이 어떻게 움직일 수 있는지를 서술하면서 그는 추상적인 묘사와 근본적인 형식의 힘을 보여준다. 그는 규모를 확장하고 축소시키면서 자신의 분석이 바늘에 적용되는 만큼 거인의 뼈에 적용된다는 것을 보여준다.

그가 오류에 빠져있었다는 사실 때문에 기본의 새로운 범위와 관련해 다른 질문들을 제기할 수 있다. 우리는 그의 시각을 "바로잡을" 수 있다. 그의 그림에 내가 덧붙인 것처럼, 우리는 추상적인 레버를 그릴 수 있으며, 이번에는 지지대를 치우고 그것을 뉴턴의 법칙을 적용한 고립계로 만들 수 있다. 그 다음에 우리는 다른 종류의 가정과 함께 추측하면서 왜 갈릴레이는 잘못됐던 것일까라는 문제에 우리 학생들을 참여시킬 수 있다. 왜 그는 힘의 평형이 제대로 만족되지 않았다는 걸 인식하지 못했던 걸까? 이러한 일련의 질문은 학생들을 이끌어서 "자유물체도(free-body diagram)"와 뉴턴의 법칙을 적용하는 적절한 고립의 중요성을 언어로 이야기해보는 데에 있어 강력한 동력으로 작동할 수 있다. 그들이 "진짜" 보에 대한 이상화를 구축하면서 겪는 똑같은 어려움을 갈릴레이도 겪었다는 것을 인식하면서, 동시에 이것은 자존감 형성에 도움을 줄 수 있다.

이 마지막 언급은 여전히 질문의 아주 다른 방식을 지적해준다. 그가 오류에 빠져있었다는 것은 무엇을 의미하는가? 17세기의 처음 몇 십 년으로 돌아가서, 우리의 방식대로 보고, 말하고, 발표하고, 분석하는 것을 투영해보면 우리가 얼마나 정당화되는가? 지금 여기에 한 주전자의 물고기가 있다. 이 지점에서, 만일 우리가 우리 자신을 굉장히 열성적이라고 판단하고, 어떻게 사학자들이 이런 도전을 만나게 되었는지에 대해 학생들이 관심을 보인다면, 이것은 아마도 과학의 역사를 공부하는 과정에 그를 등록시키는 것이 가장 추천할만한 방법일 것이다. 그렇지만 오류를 진단하는 일은 현대 기술의 실패를 설명하는 과정에서 우리가 마주하게 되는 일의 많은 측면과 비슷하다는 점을 주목해야 한다. 이것은 갈릴레이의 경우처럼 과학사가들의 합의를 필요로 하는 일이다.

나비에가 제작한 탄성 고체 모형은 느낄 수 없는 거리에서 느껴지는 힘을 분출하면서 서로 상호작용하는 분자의 집합과 같으며, 또한 기계공학 교과과정에서 유용하게 취급된다. 여기서 추상과 실체 사이의 관계에 대한 질문이 크게 나타난다. 이것은 역사적 질문이면서도 매우 철학적인 질문이기도 하다. 그러나 역사는 질문을 실재하는 것으로 만든다. 미립자들이 상호작용하는 힘의 세계는 가능세계이며, 19세기 기계공들이 살았던 진짜 세상이었다. 우리는 거기서 모형들의 존재론 탐구에 참여할 수 있다. 그 모형들은 어떻게 "실재"하는 것인가? "마치" 활동적인 분자로 이뤄진 것 같지만 어떤 원자의 수준에서는 물질의 진짜 그림이 아닌 것처럼 고체가 움직인다는 주장이 있는가? 이 질문은, 다른 수준에서, 실용적이고 오늘날의 세상에서 엔지니어들이 마주하게 되는 상황들과 관련이 있다. 내가 원하는 모델은 얼마나 거칠고 복잡한가? 나의 표현은 어떤 부분에서 부족한가?

나비에의 모델은, 코시가 곧 충분히 그랬던 것처럼, 어느 지점에서 연속체의 응력과 변형을 말하는 것보다는, 고체와 탄성체의 보다 더 자연스러운 표현이다. 즉, 이것은 외부력에 따르는 고립된 분자들의 행동을 이야기하는 뉴턴의 아이디어에서 자연스럽게 흘러오는 것이다. 우리의 교과서 저자들은 강체의 평형조건을 도출하는 과정에서 이러한 방침을 따랐다. 코시의 설명에 앞서 나비에의 관점을 고려해보면, 응력과 변형이라는 개념으로 나아가는 좀 더 부드럽고 경사진 길이 보일 것이다(학생들은 과거의 실수를 반복하는가?)

라이트 형제의 다양한 날개 테스트들은 또 다른 역사적 자료이다. 균형개념의 발전은 항력과 양력 개념을 도입하는 과정뿐만 아니라 강체의 정적평형을 분석하는 데에 있어서 추상의 힘을 아주 잘 보여주는 예시로서 기여할 수 있었다. 학생들은, 내부력 구성요소들의 완전하고 일관성있는 집합을 도입하면서, 모든 성분들의 적절한 이상화를 구성하고 이어서 고립계 성분들의 정적평형조건의 충족을 확인해주는 관계를 추론하라는 도전을 받는다. 그들은 샤누트에게 보내는 편지에서 밝혔던 것처럼, 어떤 자료들이 지적이면서도 물질적인지를 상상하면서, 그들이 이용했던 잃어버린 단계를 추론하면서 라이트 형제의 분석 방법을 비판할 수 있었다. 그들은 아마 라이트 형제들이 직접 만들었던 기구와 테스트를 실제로 따라하라는 도전을 받을 것이다.

학생들이 역사를 배우고 경험하고 활용하는 것에 대한 가치는 교수들이 아마 더 잘 알고 있을 것이다. 그렇지만 우리가 앞서 언급했듯이, 이런 접근에도 물론 문제가 있다. 예를 들어, 피상적인 방식 이외의 다른 방식으로 역사를 다루기 위해서는 신화를 넘어서 직접 소스들을 발굴해낼 필요가 있다. 공학과 관련된 과학의 대부분 영역에서 이차적인 자료들이 기능을 하지만, 이것들은 대부분 학생을 위해 쓰여진 것이 아니다. 과학의 역사라고 하는 것이 항상 그것이 만들어진 결과와 같지만은 않다는 것은 **과학혁명의 구조**를 숙독(熟讀)하게 되면 명확히 알 수 있다. 쿤의 유명한 논문은 과학 교사들 입장에서는 모든 수준에서 귀에 거슬리도록 역사를 왜곡하고 무시하는 비판으로 읽힐 수 있다. 과학교사들의 규범 중의 하나는 과거를 무시하고, 오늘날 우리가 어떻게 세계

를 바라보느냐에 따라 과거의 성취를 다시 각색하는 것처럼 보일 수 있
다. 다른 유명한 과학사가는 물리학 전공을 그 분야의 역사와 진지하게
공부해보는 것은 오히려 역기능이 될 것이라고 말했다.[14] **역사활용하기**
가 **역사남용하기**로 변하지는 않는다는 것을 확인하기 위해서는 교수들
이 다른 종류의 준비를 해야 한다.

조금 더 미묘한 위험, 갈릴레이나 나비에, 라이트형제, 라플라스, 뉴
턴의 작업들을 정직하게 조사해보면, 우리는 아마 이 사람들이 어떤 면
에서는 부족하지 않았을까 하는 궁금증을 가질 수 있다. 그들의 정신기
제에 어떤 결함이 있지 않았을까? 혹은 오래된 것과 새로운 것 사이의
불협화음은 참인 개념과 원리, 사실이라는 주장을 우리가 알지 못하는
것과 관련이 있는가? 그것은 역사적인 우연이고, 맥락의존적일 수 있
는가? 이것은 과학과 기술과 사회 연구의 학자들을 엮어내는 다른 판
도라의 상자이다. 만일 역사가 활용되어야 한다면, 우리는 역사의 차원
에 따라야 한다. 그렇지 않으면 우리는 과학과 기술 발전의 사회적 맥
락의 중요성으로부터 우리의 학생들을 격리시키면서 학생들을 속이게
되는 것이다.

토론을 마치는 경우, 얼마나 많은 시간을 어떤 역사적 에피소드에 할
애할 것인가 하는 것은 우리가 직면해야 할 하나의 질문이다. 그 질문
을 위해, 강의계획서 어디에서 우리는 이 모든 것을 할 수 있는 시간을
찾을 것인가? 그리고 펠더의 걱정을 기억하라. 이런 종류의 탐험들에
개입하게 되면 통제를 잃는 결과에 빠질 수도 있다. 역사적 사료를 조
사하는 일이 어떻게 진행될지를 누가 알겠는가? 만약 학생들이 역사연

---

14 Brush, S., "Should the Teaching of the History of Science be rated X?", *Science*, 183, 1974, pp. 1164-72.

구에 대한 도전을 진실로 키워나간다면, 혹은 라이트형제가 균형문제에 대한 계획을 어떻게 생각해냈는지를 알아내기 위한 토론을 멈추지 않는다면 어떻게 되겠는가?

우리는 이러한 생각들에 저항해야 한다. 테이블 위에 우리의 색안경을 내려놓아야 한다. 우리는 학생들에게 전달해주어야 할 지식의 양을 포함하는 그 교과과정의 이미지로부터 우리 스스로를 자유롭게 해야 한다. 어떤 내용을 다룰지 보다는, "태도"와 "관점"에 초점을 두자. 그리고 통제, 무엇에 관한 통제를 잃는 것에 대해 말해보자. 우리가 다루고 싶은 자료의 양이 그렇게 많은가? 혹은 대답이 준비되지 않은 것에 대한 질문을 학생이 할까봐 두려운가? 당신이 급하게 만든 것보다 더 좋은 것과 함께 어떤 학생이 끼어들게 될까봐 두려운가? 만약에 후자라면, 이것은 이 자체로 아주 효과적인 교육전략이 될 수 있다. 효과적인 교육전략이란 전통적인 강의실에서의 일, 방향, 소통으로 가능한 것보다 더 자유롭게 대화하는 좀 더 솔직한 소크라테스 대화술로 생각을 발전시켜가는 방식으로 학생들을 참여시키는 것이다.

학생들의 오해 활용하기

역사를 활용할 때, 우리는 과거, 과거의 제도와 기간시설, 오래전 사람들과 기관의 세계 속에 담긴 생각들을 공부하거나 문자로만 혹은 가끔 물품으로 남아있는 증거들을 연구한다. 그 경우 우리는 모순, 변칙, 한번도 생각지 못했던 개념, 많은 오류, 그리고 여전히 들어보지 못한 것들을 발견하게 된다. 그렇지만 우리는 합리적인 과학적 사고의 방식으로 이러한 현상들을 만나기 위해 과거로 돌아가볼 필요는 없다. 우리는 우리 학생들에게 관심을 갖는 것이 제일 중요하다.

여기에서의 생각은 세상에 대한 우리의 잘못된 사고방식을 성찰하면서 배우기 위해 우리의 분야에 새로운 것들을 가져올 수 있다는 것이다. 이런 생각의 방식들은 종종 오해라고 불린다. 이 오해들은 아무런 공지 없이 씻겨 내려가거나 억압될 것들이 아니고 우리가 해독하고, 왜 누군가는 오류를 지켜내야 하는지를 발견해낼 수 있을 것이라고 희망하면서 분석되어야 할 역사 같은 이야기로 대우받아야 한다. 이것이 성공적으로 이뤄진다면, 우리는 학생들의 방식들을 바로잡을 수 있다.

나는 이른바 인지의 오류라는 것에 대해 더 말해보고 싶다. 왜냐하면 나는 과학에서와 마찬가지로 공학에서도 알고, 이해하고, 배우는 것이 무슨 의미인지를 새롭게 생각해보는 것을 자극하는 (문제 해결을 위한 우리의 새로워진 기초를 다시 설명하는) 방법을 역사에서 처럼 이 주제에서 찾고 있기 때문이다. 나는 탐험을 위해 탈것을 타듯이 물리학 책에서 발견한 연습과 어떻게 학생들이 다가가고, 추론하고, 상상하고, 결국에 그 오해에서 벗어나는지에 대한 추측을 이용한다.

왜 당신이 좁아지는 방향으로 바람을 불어서는(그림에서 보는 것처럼) 깔때기로부터 필터 종이를 치울 수 없는지를 설명해보라.[15]

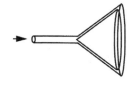

우리 학생은 자신이 진짜로 필터 종이를 깔때기 바깥으로 불어낼

---

15   Halliday, D., and Resnick, R., *Fundamentals of Physics*, 2nd. ed., John Wiley & Sons, NY. 1986. p. 313.

수 있을 것으로 생각한다고 가정해보자. 그는 어떤 생각을 하고 있는 걸까?

그는 그 그림의 세부묘사에 대해 생각할 수 있으며, 필터와 깔때기 사이의 틈에 대해 의아해할 수 있다. 아니면 그것은 유리 깔때기의 두 꺼움인가? 그는 우리가 본대로 필터가 어떤 점을 향하는지를 기억하려고 애쓰면서 커피를 만들었던 지난 시간을 생각할 수 있다. 왜 그 필터는 깔때기의 밑바닥에 놓여있지 않는가? 아마 그것은 미끌어질 것이다. 그는 필터와 접촉선 위에 있는 깔때기들 사이의 충돌을 걱정해야 하지 않을까? 바람이 불지 않으면 필터가 넘어지지 않도록 그는 깔때기를 집어들고 그것이 수평을 유지하는 것에 대해 걱정한다. 아마 여러분은 그것이 수직방향을 유지할 것으로 생각할 것이다. 그 필터종이는 깔때기에 붙어서 바람이 불어도 제거되지 않도록 젖을 수 있지 않을까? 필터종이의 무게와 두께는 중요한가? 그것의 공극률(porosity)은 어떤가?

이제 우리가 학생들에게 실마리를 준다고 가정하자. 우리는 그 학생이 교과서를 참고하면서 베르누이 방정식을 연구할 것을 제안한다. 그는 그렇게 하면서 다음의 사실을 인지하게 된다. 즉 그가 튜브 아래로 바람을 불어넣을 때 기류가 필터와 깔때기 내부표면 사이에서 필터의 표면 위로 압력을 가하더라도, 이 압력의 나머지(이것은 필터를 오른쪽으로 밀어서 깔때기 밖으로 밀어넣는 경향이 있을 것이다)는 필터 내부표면 위의 공기에 의해 가해진 압력보다 더 작을 수 있으며, 그 압력의 나머지는 필터를 깔때기 안으로 밀어넣는 경향이 있을 것이다. 그래서 필터를 불어서 깔때기 밖으로 보낼 수 없다.

이쯤에서 우리는 그가 자신의 오해를 확인했을 것이라고 말할 수 있다. 그러나 그가 그렇게 했는가? 그의 오해는 무엇인가? 그 필터가 젖었다는 것인가? 그 깔때기가 유리로 만들어졌다는 것인가? 그것이 수직을 유지했다는 것인가? 그 종이의 공극률이 중요하다는 것인가? 그가 그 작용에 대해 오해했다고 말하는 것보다 그가 그 현상을 전혀 알지 못했다고 말하는 것이 더 정확하고 더 의미있을지 모른다. 그가 싸우고 있는 것은 무지의 안개이다. 즉, 오해가 아니라 특히 어느 곳으로도 가지 못하고 그림을 포함하여 텍스트에 대한 가능한 해석이 산만한 배열이다. 여기서 잘못된 것은 존재하지 않는 것에 대한 구체화이다. 그것은 버킷 이미지 비유와 같은 마음처럼, 모두 물질로서의 지식과 같은 것이다. 덜 거슬리는 톤으로 말하면, 우리는 그의 실패를 더 정확하게 만드는 방식, 예를 들어 그는 어떤 생각도 갖고 있지 않았다는 것을 인정하면서 적절한 **생각을 놓쳐버렸다**는 방식으로 진행할 수 있을 뿐이다. 그러나 그는 그것을 어느 정도 놓쳐버렸는가? 이것은 다시 이상한 방식의 말하기이다.

　그 현상을 상식적으로 설명하고 그가 잘못을 찾아가도록 인도하는 소크라테스식의 논쟁으로 그와 함께 진행한다면 그 오해를 확인하는 것은 가능하다. 그러나 이 경우에 그 오해는 그 자신이 만든 것인 만큼 우리가 만든 것이다. 오해는 대화적인 구성물이며 사회적 산물이다. 오해를 발견하는 것은 이 경우에, 엉망이 된 시스템은 학생이고 그 과정은 교사와 잘못된 학생 사이의 대화를 요구한다는 실패를 찾아가는 것과 같다. 어떤 사람은 그 오해를 표면으로 드러내는 것을 말하기 때문에 그것은 정확한 개념으로 대체되도록 적절히 드러나고 처리될 수 있다. 그러나 이것은 이 시나리오에서는 옳지 않다. 이것이 타당한 교육적 전략인 한에서, 유체역학자들이 세계를 보듯이, 학생들이 유체흐름의 세계를 보도록 하는 것은 매우 효과적일 수 있으며, 그 학생들이 오해를 갖고 있었다고 주장하는 것은 잘못이다.

학생들이 말하는 그 이야기를 주의깊게 들으며 분석하는 과정에서 우리는 깔때기와 필터의 그림이 실재 깔때기와 필터의 그림이 아니라 깔때기와 필터, 유선, 압력, 힘, 연속체, 시간과 운동의 가능세계 안의 그림이라는 것을 이해할 필요가 있다. 그것은 이 세계 내의 이상적인 형태이다. 두께가 전혀 없으면서 불가입성이고 마찰이 없는 표면을 갖고 있으며 계속 바람이 부는 필터이다. 그것은 실재하는 것처럼 보이지만 실재하지 않는다. 이 대상세계에서 우리 학생들의 실패를 상상하고 생각하는 것은 불가능하다. 오해를 말하기보다는 학생이 이런 방식으로 보는 것을 배우지 않았다고 주장하는 것이 더 좋다. 그는 유체역학의 언어를 배우지 않았다.

이 언어는 지속적이며 압축할 수 없는, 계기압력과 절대압력, "수두 (head)"와 유선과 질량유량(mass flow)을 가진 유체흐름에 관한 것이다. 이것은 특정한 사람들이 습관화하면서 노는 "게임"이며 세계이다. 그 게임은 규칙을 갖고 있으며, 적법한 수를 보고 생각하고 결정하는 방식을 구성하는 규칙, 적정한 언어를 갖고 있다. 우리가 학생에게 바람으로 필터를 깔때기 밖으로 보내지 못한 원인을 설명해달라고 부탁할 때 우리는 규칙설명 없이도 그에게 게임에 동참해주길 부탁하는 것이다. 유체역학의 언어는 영어처럼 보이지만 상식적인 영어가 아니다. (언어는 단어 이상이며 문화이며 사회적 규범이며 세계를 보는 방식이다). 학생이 옳게 생각하지 않는 것은 이상한 일이 아니다. 그러나 일단 그가 그 언어를 안다고 주장할 경우, 그가 실수한다면 "오해"라는 꼬리표를 붙이는 것은 적절하다. 이 경우에, 학생이 자신의 잘못을 인정하도록 하는 데에는 매우 작은 자극만 있으면 될 것이다.

우리 선조들이 실수한 것으로 보일 때 역사를 활용하는 시도처럼, 외국의 사고방식과 학생들의 방법에 문제가 있다는 것을 이해하려는 시도 역시 마찬가지이다. 그 문제는 부분적으로 언어의 문제이다. 학생들은 자신들이 새로운 언어를 배우고 있다는 것을 인지해야 한다. 동시에 이론을 발전시키는 전통적인 방식과 우리 학생들이 그 방식을 접근시키는 과정에서 우리는 인용된 의미상의 괴리에 민감해야 한다.

정상적으로, 유체역학이론을 정교화하는 과정에서 우리는 필터와 깔때기에 관한 어떤 이야기도 없는 기본적인 공리로부터 일련의 수학적 관계와 과정을 도출한다. 우리의 주장은 명령적이지 않고 서술적일 것이다. 우리는 매우 일반적이고 자의적인 형식으로 유선(streamline)을 보여주는 유체 흐름에 대한 그림을 스케치할 것이다. 그러나 그것은 다섯 개의 입자를 보여주는 강체에 대해 우리가 보았던 그림처럼 제어볼륨으로 구성된 미니멀(mininal list)일 것이다. 우리는 흐름과 강하류의 앞쪽에 압력을 도입할 것이며, 유선을 따라가는 어느 점에서 유속을 도입할 것이다. 우리는 과학을 말하는 (비압축적이고 지속적인) 가정과 개념(압력, 속도), 원리(운동량, 질량 보존)의 분석적 범위에 가능한 가깝게 머물 것이다.

문제는, 만일 이것이 응용수학의 연습문제 이상이고자 한다면 우리는 커다란 유체세계의 부분들을 참고하여 형식적 분석을 통해 그것들을 연결해야 한다는 점이다. 그렇게 하면서 파이프와 깔때기와 물분수와 저수지에 대해 이야기하는 과정에서, 문제가 되는, 은유적인 언어로 종종 표현된 일상적 언급이나 상식에 의해 오염되지 않은 채 남아있는 것은 불가능하다. 이것은 필연적이다. 초심자들과의 수학적 관계는 그들이 수학의 세계와 일치하여 조정하고 재배열하기 위해 잘 준비하는 수학적 관계에 불과하지만 이것은 우리가 가고 싶은 곳으로 데려다 주지 않는다. 그곳에 가기 위해 우리에게는 유체, 필터, 공기압력의 이야기가 필요하다. 도전은 학생들이 우리가 보는 바대로 일상적인 영어로

기술되었지만 "객관적인" 의미와 조금 떨어진 특별한 세계를 바라보도
록 만드는 것이다. 우리는 베르누이의 특별한 세계 안에서 쉽게 하는
독해나 번역하기를 학생들에게 기대하지 말아야 한다. 언어의 문제는
실재한다.

　학생들과 이런 식으로 시간을 보내면 다른 도전이 따라온다. 베르누
이 이론의 응용가능성을 인지하고도 학생들이 그만두지 않을 것이라고
가정해보자. 그는 자신이 제대로 가고 있다고 느끼면서 기류 속의 유선
을 따라 유속에 압력을 관련시키는 베르누이 방정식을 적용하고자 한
다. 그는 원뿔을 지나 흐르는 공기의 흐름에 의해 가해진 압력은 공기
때문에 필터의 다른 측면 위의 압력보다 적게 모든 곳에 있다는 것을
보여주여야 한다고 알고 있다.

　그러나 이제 그는 의아하게 생각한다. 만일 왼쪽에 힘이 있었다면,
그 필터는 틈이 없을 때까지 필터가 깔때기를 향하도록 강하게 밀어 넣
으면서 틈을 없애기 위해 움직이지 않았는가? 그러면 이 경우 흐름은
없다. 그러나 당신은 어떻게 **흐름을 가질 수 없는가** 그리고 어떻게 아직
도 **흐름을 갖고 있는가**? 아마 필터종이의 작은 구멍은 중요할 것이다.

　그는 그 이상으로 생각한다. 아마 필터가 처음 움직이기에 충분할 정
도의 바람이 불어야 한다. 그러면 어떤 흐름이 생겨서 공기압이 그것을
밀어버릴 것이다. 아니면 그것은 그들이 필터와 깔때기 사이에 갭을 보
여주는 이유일 것이다. 당신이 바람 불 때 그 필터는 깔때기를 향해서
다시 움직인다. 그 경우 그것은 오른쪽으로 다시 움직이며, 아마 그 필
터는 앞뒤로 진동하며, 기류 속에서 퍼덕거린다.

　이제 그는 실제로 어려움에 빠져있다. 그는 옳은 언어로 말하고 있지
만 그는 이제 너무 깊게 생각하고 있다. 그는 과정의 범위를 벗어난 개
념을 도입하면서 너무 멀리 나갔다. 그는 사물이 어떻게 움직이는가를

알고 있으며, 우리가 왜 깔때기에서 벗어나서 필터에 바람을 불어넣을
수 없었는가를 알고 있다. 사실상, 그는 깔때기에서 벗어나서 필터에
바람을 불어넣으려고 시도하였을 것이고, 자신이 주장하는 껄떡거리는
소리가 그의 추론을 지지한다는 것을 발견하였다. 불행하게도, 깔때기
안의 필터의 펄떡거리는 움직임에 대한 분석은 진보된 주제이며, 유체
역학이론 그 이상의 많은 것을 요구하는 주제이다. 베르누이의 방정식
은 이 동력적인 아마 공기역학적인 현상을 서술하기 위해 충분한 정보
를 포함하고 있지 않다.

그런데 이상하게도, 그가 실수했다고 말하는 것은 적절하며 그것은
다음 두 가지 점에서 그렇다. 첫째, 그는 게임의 규칙을 알고 있었지만
추상적 모습을 보이는 바대로 인식하지 않았다. 그의 이미지는 매우 세
련되었다. 둘째, 그 과정에서 성공하기 위해 그 학생이 취할 수 있는 적
절한 전략을 포함하도록 운동의 맥락을 넓혀가면서, 그는 교수들의 승
인을 얻기 위해 요구되는 것이 무엇인가에 대해 잘못 판단했다. 어느
쪽이든 이 경우 물질들은 제어할 수 없이 움직였다. 교수들은 어떤 학
생들의 재미있는 도발을 이야기하면서 잃어버린 시간을 어떻게 메꿀
수 있는가에 대해 이상하게 생각할 수 있지만, 학생들을 끊어버리면 학
습의 기회가 사라진다는 것을 깨달을 수 있다. 우리는 그저 어딘가에서
선을 긋고 학생들의 생각과 의심의 적절성을 인정하고 계속 진행해야
한다.

개방형 훈련 활용하기

역사연구와 학생들의 있는 그대로의 생각은 새롭고 근본적인 것을 도

입하는 과정에서 좋은 도구일 수 있는 반면에 그들은 공학적 사고와 행동의 매우 중요한 특징에 주목하지 않는다. 그들은 동시대의 실천의 맥락을 언급하지 않는다. 역사는 맥락을 갖고 있으며 분명히 존중받아야 하지만 겉으로 드러나지 않는다. 오해를 다루는 것은 생각을 다루는 것이지만, 그 생각은 어떤 개별적 맥락과는 무관하게 오직 개인의 생각일 뿐이다. 반면에 개방형 훈련을 도입하면 그 맥락은 전면에 부상할 수 있다.

우리에게 많은 자극을 주는 일련의 근본적인 것들을 심각하게 생각한다면, 학생들의 강의시간과 전체 커리큘럼을 통해 우리 강의실에서 진행되는 것에 의미있는 변화가 있을 것이 분명하다. 이것은 새로운 교육요소를 포함하기 위해 내용을 변화시키거나 많은 교육과정을 부가하는 문제가 아니다. 그것은 문제에 대한 문제이며, 적절한 문제가 무엇인가에 대한 문제이며, 내용에 대한 태도의 문제이며, 대상세계 주제의 경계에 대한 문제이다.

나는 이것이 어떻게 수행될 수 있는가에 대해 이미 서술하였다. 나는 교수들이 문제기반학습, 실제체험, 개방형 훈련의 활용과정에서 추구한 혁신에 대해 이미 서술하였다. 이것들은 우리가 찾고 있는 혼합의 방법이 될 수 있다. 예를 들어, 공학교육과정에서 진행되는 개방형 디자인-유형의 훈련을 사용해 보자.

진실로 개방형 작업을 통해 학생들은 애매성과 불확실성을 다루게 된다. 즉, 기술적인 "문제"가 동일하게 나타날 수도 있지만 어떻게 다양한 맥락이 다양한 전략을 요구하는가에 대해 알게 된다. 학생들은 어떤 원천들이 다양한 환경을 만들어내는지에 대해 판단하는 방법을 배우게 된다. 조야한 모델과 평가로 언제 충분하게 될지 그 시기와 자세하고 세련된 컴퓨터 분석이 요구되는 시기를 알게 된다. 정당화의 정도와 형식은 맥락의 문제가 된다.

바르게 진행된다면, 개방형의 상황에서 학생들은 그 문제들을 자신들의 용어로 문제를 처리해야 한다. 교수가 갖고 있는 대답을 얻으려는 시도는 더 이상 자신의 머릿속에 있지 않으며 교과서 뒷장에서 발견되지도 않는다. 이것은 "어떻게 해도 좋다"라고 말하는 것이 아니다. 그 맥락은 유일한 해결책과 유일한 접근방법 이상의 다른 것이 있을 수 있음을 허락하는 반면에 어떤 해결책은 조금은 더 나쁘고 조금은 분명히 잘못된 다른 것보다 더 좋을 수 있다. 교수들은 매우 혼합된 상황처럼 보일 수 있는 것을 통해 학생들을 지도하는 지침을 제공한다. 그 일의 수행과정에 요구되는 노력의 양을 판단하고 그에 따른 기대치를 설정하는 것은 그들의 책임이다. 그들은 강제하지만 지나치게 강제하지는 않는다. 즉 사고를 자극하지만 방법을 지시하지 않으며, 학생들의 질문에 대응하지만 절대적인 답변에 대응하지 않는다. 바르게 진행된다면, 개방형 훈련은 활동적인 학습의 강력한 방법으로 기여하며, 유일한 해답을 찾는 문제들의 전통적인 규정을 고집하지 않는 방식으로 참여시키기 위한 강력한 방법으로 기여한다. 바르게 진행된다면 그들은 학생들이 변칙사례를 다루고, 부조화로운 것을 언급하고, 모든 종류의 가능성을 파악하고 전례가 없는 것을 개선하도록 허용한다.

그들도 셰플러가 언급하지 않은 공학적 사고의 중요한 요소 즉, 자신들의 제안이 공통의 프로젝트에 참여하는 파트너의 제안과 다르거나 (다르고) 충돌할 때 그 차이점들을 협상하는 방법을 학습한다. 그들은 디자인이 사회과정이라는 것을 알기 시작한다.

이런 종류의 방법으로만 우리는 학생들이 문제에 대한 비판적인 토론과 심사숙고를 할 수 있게 하는 환경을 조성할 수 있다. 이러한 토론은 기술적 개념과 원리, 방법에 대한 도구적 질문뿐만 아니라 규범적인

이슈들을 포함할 수 있다. 이런 방
식으로 우리는 가르침에서 배움으
로, 말하기에서 듣기로, 끌어내기
에서 비판적인 토론과 대화로의 이
동을 이끌어낼 수 있는데 그런 이
동은 공학과 과학 커리큘럼의 핵심
을 통해서 성취될 수 있다.

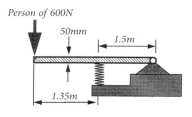

그림 5.1 전통적인 문제

　영향을 미칠 수 있는 변형의 사례로 나는 기계공학 학부와 초급 교육
과정에서 사용했던 두 개의 문제를 제시하려 한다. 하나는 전통적이고
단답형 문제이다. 다른 하나는 개방형의 디자인 문제이다.

　전통적인 문제의 의도는 학생들에게 정적 평형상태의 원리와 탄성체
내의 내부력, 탄성시스템의 편향분석에서 물질적 성질의 역할과 변형
의 양립가능성이 가지는 중요성을 가르치는 것이다. 이것들은 전통적
인 기초들이다.

　문제는 이렇게 제시된다.

나무 다이빙 도약대는 한쪽 끝이 고정되어 있고 그 끝에서 1.5m 떨어진 지
점에 35kg의 힘으로 스프링이 지지하고 있다. 600N의 무게를 가진 남자가
나무판 반대쪽 끝에 서있다면 스프링은 얼마나 휘어질까?

　만약 학생이 재료공학을 전공한 우수한 사람이라면 답을 내놓는 데
에는 많아봤자 30분이 걸리지 않을 것이다. 이것은 그 학생이 공학언어
에 능숙하고, 구불한 선들을 직선적인 탄력 스프링으로 인식하며, 나무
판 오른쪽 끝의 원을 마찰력이 없는 핀으로 이해할 뿐만 아니라 (나무
판이 단단하지 않다면 그 상황은 교과과정 이후에 드러난다는 것을 분

석하려면) 나무판 자체가 단단하다고 가정할 정도로 충분히 알고 있으며 미터법에 매우 능숙하다는 것을 가정한다.

두 번째 문제는 매우 유사하면서도 한편으로는 완전히 다른 그림을 제시한다. 문제는 이렇다.

당신은 글로벌 기업에서 다이빙 도약대의 모든 품목을 디자인하는 책임을 맡게 되었다. 일반적인 나무판의 기본적인 디자인을 스케치하라. 당신의 제품이 만족시켜야하는 성능기준들을 나열해보라. 당신의 리스트에 나무판의 성능을 체크할 특징들도 포함시켜라. 시스템들의 다양한 반응들에 초점을 맞추면서 이러한 특징들이 당신의 디자인에 어떻게 올바른 느낌을 줄 수 있는지를 탐구해보라.

이제 도약대의 치수는 제시되지 않고 스스로 결정하거나, "측정"되어야 한다. 쓰인 "문제"의 명제들은 독립적으로 존재하지도 않고 존재할 수 없다. 학생들과 교수들이 문제의 요구사항과 기댓값에 대해 토론하는 (협상하는) 것이 필수적이다. 이제 학생은 문제를 정식화해야 하며, 상품을 사용하는 사용자의 무게와 같은 성능기준들을 생각해야 한다. 아니면 그것은 사람인가? 만일 그렇다면 어느 정도의 무게의 범위를 수용해야 하는가?

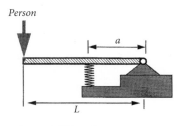

그림 5.2 개방형 문제

기계의 근본적인 원리는 작업의 중심부에 매우 많지만 그 맥락은 매우 풍부하다. "다양한 반응"에 대한 토론이 필요하다. 이제 여기 다이빙 도약대에 끝에 있다고 상상하며 그 "탄력"을 테스트하는 학생들이 있다. 그들은 탄력의 빈도를 측정한다. 우리는 "등가 강성"에 대해 이야기한다. 즉, 다이빙 도약대의 끝이 휘어지는 정도와 사람의 무게 사이의 관계, 얼마나 한 사람이 다이빙대의 무게와 탄력성을 무시할 수 있는지에 대해 이야기한다. 안전은 어떨까?

학생은 계속해서 일지를 쓴다. 단순하고 특정한 반응만 존재하지 않기 때문에 학생들이 적용하는 방법, 가정 그리고 다른 가능한 디자인들을 비교하기 위한 전략들은 평가될 필요가 있다. 이 상황에서 교수들의 기대는 학생들이 그 문제를 "완성"하기 위해 사용가능한 시간의 합리적인 측정과 조화되어야 한다. 나는 보통 일지들이 일주일 내에 제출될 것을 요구한다.

경고 : 개방형 문제는 만약 한사람이 색안경을 끼고 보거나, 학생들의 공격적인 질문에 흔들리고 자신들의 일지를 통독하는 일에 부담을 느끼게 되면 종료될 수 있다(그 일은 하나 이상의 대답을 허용하기 때문에 평가는 과정과 방법에 초점이 맞춰져야 한다). 이것은 지켜져야 한다.

하나의 교과과정에서 발췌된 이런 유일한 사례는 만약 우리의 시선이 내용 즉, 강의계획서가 어떻게 진행되는지, 어떤 교과목으로 커리큘럼을 구성해야 하는지에 고정된다면 교육 개혁에 대해 많이 말하지 않는 것처럼 보인다. 그러나 다른 관점에서 본다면, 우리는 이 문제가 다이빙 도약대를 넘어서 원칙, 레벨과 관계없이 철저하게 공학의 기본과 공학교육에 대해서 주장하고 있다는 것을 알아야 한다. 이것이 핵심이다. 우리는 어떤 분야든지 고전적인 내용들이 어떻게 다른 방식으로 개조되는지 상상할 수 있고 개방형 질문과 맥락 민감도를 격려했던 사람은 이것에 동의했다.

잠시 멈춰서 생각해보면, 셰플러가 문제 해결에서 필요하다고 주장했던 학습의 특징들은 연구가로서 우리가 가치있게 생각하는 것이며 대개 공학 실습에서 우리가 중요하게 생각하는 것들이다. 그러므로 우리는 우리 자신이 완전히 다른 세계가 아니라 친숙한 세계에 살고 있다고 생각한다. 그러나 그것은 공학적 사고와 실천을 구성하는 충만한 모든 것을 생각하는 도구적 존재론을 부정하는 관점에서 우리가 적절하게 바라봐야 하는 것이다.

6장

부연

공학과 철학은 전혀 다른 세계일 수 있지만, 이 시점까지 나와 함께 해온 독자들이라면, 철학자들이 제기했던 물음과 그들이 추구하는 분석이 공학에 관련이 있다는 것에 동의할 수 있길 기대한다. 엔지니어들이 자신들의 디자인을 충분히 생각하고, 자신들의 생산품에서 발견되는 오작동을 다루고, 젊은이들을 가르치는 방식들은 우리가 철학적 관점을 견지하고 있을 경우, 더 잘 이해된다. 엔지니어들이 자신들의 작업을 통해 만들고 이용하는 표상의 개별적 특성에 대한 존재론적 질문들은 중요하며, 디자인과 진단, 가르침의 발전을 위해 비판과 평가가 필요하다. 그렇지 않으면, 생산품들을 너무 과하게 소비하거나, 결국 잘못될 가능성이 있고 보증되지 않은 견고함과 튼튼함을 그것들에 내맡길 위험이 높아진다. 지식 주장의 자격 그리고 지식 정당화의 방향과 형식에 대한 인식론상의 질문들은 역시 중요하게 언급될 사항이며, 이러한 종류의 질문 없이는, 우리는 우물 안 개구리로 잔류하면서 그저 엔지니어링 하나만을 오롯이 보며 그 안에 갇히고 묶여, 공학을 그저 단순한 기술, 유물론자의 표현과 손놀림 정도로만 여기게 된다.

동시에, 철학의 꼬임에 넘어간 이 분야를 탐구하는 과정에서 우리는 엔지니어들이 하는 일, 그들이 그런 일을 하는 이유, 그 이유를 믿는 그들의 정당화가 진실이며 좋은 것이라는 것을 알게 된다. 이 모든 것들은 과학의 명령이나 경험적 사실만으로 결정되지 않으며 역사적으로 문화적으로 우연에 의해 결정된다. 이것으로부터 공학적 사고로 무엇을 성취할 수 있고 공학적 사고로 무엇을 성취할 수 없는가 하는 가능성과 한계에 대한 그림 즉, 우리가 그저 형식적인 톤에 갇혀 그림을 그릴 때보다 좀 더 깊고 짙은 그림이 나온다.

내 분석의 중요한 포인트는 "대상세계" 개념이다. 디자인에 참여하는 다양한 사람들은 저마다 갖고 있는 역량, 책임, 기술적 관심분야에 따라 디자인의 목적을 다르게 바라보게 된다. 이렇게 되면 대상의 존재론적 지위는 문제가 많아진다. 이것은 서로 다른 사람들에게 각각 다른 것으로, 다른 의미로 다가가게 될 것이다. '프리즘 바'를 예로 들어보면, 구조 엔지니어에게 이것은 외팔보이고, 과열되지 않는 시스템을 확정짓는 책임자에게 이것은 빛나는 부속물일 것이다. 디자인 대상(하나의 물체와 다중의 대상세계)이 갖고 있는 다양한 특성들은 도구적 합리성만으로 진단과 디자인을 하는 것은 충분하지 않으며, 도구적 합리성만이 공학교육의 유일한 추진력이 되어서도 안된다는 것을 확인해준다.

앞에서, 우리는 기술을 이야기하면서 세계를 나누는 방법들에 대해 언급한 적이 있었다. 디자인과정에서 우리는 디자인 작업을 쪼개고 인터페이스를 만들며 프로젝트를 계속해서 통제하길 기대한다. 언어와 학문의 경계선들은 대상세계를 나눈다. 우리는 구조와 기능 사이에 딱딱함과 부드러움 사이에, 확실과 불확실 사이에, 제품과 사회적 맥락 사이에 간격을 놓는다. 이러한 분열이 유지되는 것은 엔지니어들의 가

공품(아이디어와 제품 모두)을 어렵고, 결정론적이고, 영구적이고, 완전히 규칙에 지배되는 것으로, 그리고 물질적으로 바라보는 관점에 달려있다. 나는 이런 구분에 결함이 있다는 것을 계속해서 주장해왔다. 이러한 구분은 문화의 산물이며, 과학의 결과인 것만큼 우리 세계의 물질적 풍요이다.

가령, 디자인의 정당화에 무척 비판적인 공학이론의 지위, 공학교육에서 중요한 주제인 파괴(고장)에 대한 설명을 예로 들어보자. 교과서에서 수학적인 형태로 표현된 이것들은 숫자만큼 확실하고 형식적이며, 완전히 분석적이고, 보편적인 응용이 가능하며, 양적으로 나타나며, 그들 스스로 모든 것을 만들어내는 것 같다. 그들은 퍼시그(R. Pirsig)가 기본형식이라고 말했던 구조를 제공하는데, 그 구조는 공학 디자인 제품들의 적절한 기능을 보장한다. 하지만 그들의 표현과 최신의 조작은 좀 더 혼란스러운 그림을 나타낸다. 그들은 처음 등장했을 때보다 더 유연하고, 가소성이 있다. 그것들은 디자인과 진단의 활동 과정에서 재건되고, 축소되어, 특정한 문제로 만들어진다. 이런 방법의 적법성은 인정되는 것이 무엇인가에 달려있다. 아마도 암암리에 받아들여졌던 관습적인 실행은 결국 사회 문제가 되어버린다.

공학 제품들 사이의 **구조**와 **기능**은 사람들이 믿는 것처럼 정확하게 나뉘지는 않는다. 엔지니어링, 디자인, 진단, 교육에서, 우리가 친근하다거나 천박하다고 말하는 것이 아닌 다른 대상의 구조와 성질에 대한 모든 명제는 지배적인 관점, 현안의 특정한 요구와 일치하여 구성된 확장된 이야기를 요구한다.[1] 이것은 주로 대상의 "성과" 혹은 "움직임"의

---

1 Bucciarelli, L. L. "Object and Social Artifact in Engineering Design", *The Empirical Turn in the Philosophy of Technology*, Kroes, P. & Mejiers, A. (eds.). Elsiver Science, 2000.

일부 측면에 대한 언급으로 이어진다.

예를 들어, 빔은 어떤 차원들을 보여주고, 특정 물질로 만들어진 각 기둥 모양의 막대 그 이상이다. 만약 이것들이 구조 엔지니어가 작업할 수 있는 유일한 속성이었다면, 우리는 다리나 빌딩 등을 가질 수 없었을 것이다. 이 경우 우리에게는 적어도 **탄성계수**가 필요하며, 그 물질이 파괴될지를 결정해주는 숫자가 필요하다. 이러한 추가적이고 전문화된 대상세계의 특성은 그 대상의 실행, 즉 빔으로써의 기능과 관련될 경우에만 의미를 갖는다. 탄성계수는 이 선형의 탄력있는 **움직임**에 대한 이야기를 요구한다. 어떻게 이것이 결국 무게의 양에 대해 비례하는 양 만큼 굴절되는지, 무게가 줄어들면 어떻게 이것이 원래의 모양으로 되돌아가는지?

언제 빔이 부러지는지를 정의하려면, 우리는 성능의 다른 특징에 대해서 언급하게 된다. 갈릴레이의 이야기에서, 그는 파괴될 때의 무게와 수직으로 걸려있는 동일한 빔에게 매달린 채 파괴를 야기하는 무게를 관련짓는다. 오늘날 우리는 그 성질을 항복응력이라고 정의하는데, 수치를 표로 나타낼 수 있다. 그러나 갈릴레이의 측정처럼 이 가치는 특별한 기계와, 도구들, 수년에 걸친 규약들을 필요로 하는 표준테스트를 설정하는 엔지니어의 작업결과로서 의미를 갖는다. 따라서 대상세계 특성은 두 가지 측면에서 사회적 우연성을 갖고 있다. 그것들은 특성값의 확인 방법을 정의하는 규약과 매일매일의 작업과정에서 엔지니어가 구성하는 특정한 이야기에 의존한다.

오작동과 고장 진단에 관한 장(章)에서, 나는 엔지니어들이 자신들의 디자인에 대해서 확실성을 주장할 수 있다는 생각을 테스트해보았다. 결론은 '노'(No)였다. 모든 공학적 산물과 시스템들은 미결정 상태로 남아있다. 확실과 불확실 사이의 경계는 전혀 분명하지 않아서,

우리는 우리의 결과물들이 어떻게 작용할지에 대해서 확실하게 예측할 수가 없다. 우리는 사용의 모든 맥락을 예상할 수가 없는 것이다.

같은 방식이나 상품들은, 마치 정보처럼, 다른 사람들에 의해 다르게 읽힐 수 있으며, 다양한 방법으로 사용될 수도 있다. 엔지니어링 결과물들은 다양한 방식으로 기능할 수 있고, 디자인과정에서 참여자들이 생각지도 못한 것이 스스로 진행되기도 한다. 기능의 다양함은 불확실성과 디자인과정의 미결정적인 특성에 내재되어 있다. 이것은 결국 대부분 다양한 참여자들로부터 주장된 다양한 관점의 디자인을 일관성 있고 조화롭게 만들어가는 도전으로부터 나온다.

디자인이 미결정 상태로 남아있다는 것은 또한 기술적 완벽함에 대한 어떤 주장도 정당화되지 않는다는 것을 의미한다. 대상세계 내에서 누군가는 특성의 부분집합과 관련하여 대상과 세계의 적절한 작용과 관련하여 아마 정말로 최적의 디자인을 찾을 수 있을 것이다. 우리는 알고리즘적 완벽함이 대상세계 내에서 가능하다고 주장할 수 있다. 그러나 전체를 디자인하는 과정에서 우리의 맥락을 그 프로젝트나 회사의 맥락으로 간주하는 것은 불가능하다. 참여자들의 제안과 주장과 요구를 협상하지 않고 완벽함을 명령할 수 있는 어떤 도구적 종합은 없다. 선호, 기술적 선호들은 대상세계를 넘어 협상된다. 그러나 거시 세계에서 기술적 산물에 가치나 질을 부여하는 것은 실패의 사회적 구성에 대한 나의 분석에 비추어 볼 때 항상 사회적인 과정이다. 좋은 상품과 나쁜 상품 사이의 경계선에는 논란이 있다.

공학적 사고와 실행과정에서 좀 더 복잡한 관점을 받아들이는 것은, 추정이 순서에 맞다는 것을 의미한다. 추정이란 우리 삶에서 기술의 역할을 생각하는 방식이 갖고 있는 함축을 알아내는 것이다. 우선, 기술이 사회에 미치는 "영향"을, 마치 기술은 단단하고 구조적이고 결정적이고 확실한 **것**이며 사회는 부드럽고 기능적이고 비결정적이며 불확실한 **것**처럼 계속 언급하는 것은 좋지 않다고 나는 생각한다. 마찬가지로 기술이 "그것 고유의 삶을 갖고 있다"고 생각하는 것은 아마도 기계 장치의 사본으로 만들어진 대상세계 내에서는 바람직할 것이다. 그렇지만 여기 거시세계에서 이런 방식으로 생각하고 이야기하는 것은 낭만적인 넌센스(nonsense)이다. 미사일 방어체계를 완벽히 만들 수 있다고 상상하는 것이나 우리는 모든 수준에서 생명의 유전자 조작으로부터 의미있는 부수적인 피해 없이 이익을 얻을 수 있다고 상상하는 것이나 지구온난화를 막기 위해 무엇을 하기에 너무 늦어버리기 전에 우리는 모든 과학자들에게 지구 온난화가 우리 앞에 당도해 있다고 설득시킬 수 있다고 상상하는 것과 같은 희망적인 생각을 하는 것 모두가 너무 지나치다. 이것은 심각하게 문제있는 기술관으로부터 나온 것인데, 이것들은 조금 떨어져서 저 멀리 있으며 보통의 사람들의 손길이 닿지 않는 곳에 있는 관점이다. 시민들처럼, 엔지니어는 더 잘 알고 더 잘 행동해야 한다.

| 찾아보기 |